U0830729

河北省高等学校省级“专业综合改革试点”项目成果

旅游管理专业实践教学教程

——旅游管理专业综合改革探索

郭 伟 付 岗 主 编
靖鲲鹏 宋 娜 副主编

燕山大学出版社
2018·秦皇岛

图书在版编目（CIP）数据

旅游管理专业实践教学教程：旅游管理专业综合改革探索 / 郭伟,付岗主编. —秦皇岛：燕山大学出版社，2018.4

ISBN 978-7-81142-618-2

Ⅰ. ①旅… Ⅱ. ①郭… ②付… Ⅲ. ①旅游经济－经济管理－高等学校－教材 Ⅳ. ①F590

中国版本图书馆 CIP 数据核字（2018）第 071795 号

旅游管理专业实践教学教程——旅游管理专业综合改革探索

郭　伟　付　岗　主编

出 版 人： 陈　玉
责任编辑： 朱红波
封面设计： 朱玉慧
出版发行： 燕山大学出版社 YANSHAN UNIVERSITY PRESS
地　　址： 河北省秦皇岛市河北大街西段 438 号
邮政编码： 066004
电　　话： 0335-8387555
印　　刷： 秦皇岛墨缘彩印有限公司
经　　销： 全国新华书店

开　　本： 700mm×1000mm　1/16　　**印　　张：** 14　　**字　　数：** 222 千字
版　　次： 2018 年 4 月第 1 版　　**印　　次：** 2018 年 4 月第 1 次印刷
书　　号： ISBN 978-7-81142-618-2
定　　价： 42.00 元

版权所有　侵权必究
如发生印刷、装订质量问题，读者可与出版社联系调换
联系电话：0335-8387718

前　言

燕山大学旅游管理专业筹建于1985年，是全国较早开办旅游专业的几所学校之一。1988年招收第一届宾馆管理专科生（1998年停招）；1994年招收第一届旅游管理本科生；2002年开始招收旅游管理硕士研究生，是河北省最早拥有旅游管理二级学科硕士点的高校，也是河北省旅游局旅游教育定点培训单位。2008年燕山大学旅游管理专业成为教育部第三批特色专业建设点（TS10683）、河北省本科教育创新高地、河北省品牌特色专业。2011年获国家首批旅游管理专业硕士学位授权并开始招生。2012年，燕山大学经济管理学院旅游管理专业成为河北省高等学校省级“专业综合改革试点”专业。借此契机，燕山大学旅游管理专业在实践教学环节进行了有益的探索和尝试。

燕山大学旅游管理专业一直高度重视实习实训、社会实践和毕业论文工作的谋划和落实，严格按照学校、学院、专业的有关规划、文件执行，并根据旅游产业发展的趋势进行政策许可范围内的及时修订和调整，取得了较好的效果。在完成河北省教育厅“旅游管理专业综合改革试点”项目过程中，突出课程体系改革、实践环节改革、社会沟通路径与执行环节改革、创新创业培养体系改革等几方面重点，系统整合资源进行全方位、渐进性、系统性的改革。教学改革紧密结合旅游行业人才的需求，着重培养国际旅游视野与现代旅游思维兼具、扎实专业素养（知识、技能、态度）与创新创业精神并重、社会责任感和个体使命感融合的复合型、专业型、创新型旅游管理人才。结合旅游管理专业的优势资源创建高校和行业企业联合培养人才的新机制，努力将燕山大学旅游管理专业建设成为在国内有较高知名度和影响力的河北省经济建设和社会发展重点领域人才培养、产学研合作教育重要基地和高校旅游教学研究与旅游教育培训中心。

本书对推动普通本科旅游管理专业转型和培养适应旅游新业态、新模式、新技术发展的高素质管理服务人才具有重要的意义。一方面，学生从基础理论学习到实践操作、顶岗实习都是在校企合作基地的全真、全程、全景中进行，直接接受校园文化与企业文化熏陶，学生理论、社会实践能力与行业需求与岗位契合度高；另一方面，合作企业优先选拔、聘用毕业生直接充实、提高其员工队伍水平，同时通过与学院的教学合作促进企业文化的形成，传播其管理理念，实现了校企共赢。

全书分为四个部分，第一部分总论为学生素质和毕业要求：借鉴工程教育模式，旅游管理专业在人才培养中制定了 12 个人才毕业能力标准，以此标准在课程设置开发中进行了模块化、项目式调整和设计。第二部分上篇主要为旅游管理专业课程实验教学大纲与实习说明，体现了专业课程中对学生实践能力的渗透。第三部分中篇为各级项目的设计与实施说明以及毕业设计（论文）工作实施方案，通过项目设计带动学生自主创新性的学习，增强学生对该门课程内容的深刻理解，毕业论文的开题、撰写、答辩等环节能够系统地对学生进行构思、设计、实现、运营的训练，并最终体现学生的能力。第四部分下篇为旅游管理专业学生实训平台，主要为实践课程的设计与实施。这部分课程创设现代商业社会环境和企业运作环境工作情境，学生自主组建不同类型公司团队，集体协作制订计划和方案、分工实施、评估工作结果，学生通过体验、操作、讨论、沟通交流等方法，辅助以教师的咨询、引导、总结和归纳等师生之间的合作行为方式，完成学生自我构建知识和技能的学习。

本书的主要特色体现在：

1. 强调理论和实践相结合；针对专业背景优势，系统性地提取旅游管理专业的核心模块进行分析、设计和整合，开展项目式教学，将人才培养目标深度渗透到实践教学中。

2. 阐述新创企业的主要经营管理策略和能力分析，关注创业技能的有效提升；把握了旅游新产品、旅游产业新链条和旅游供给要素的新变化；融入了新科学技术与互联网信息对旅游和社会发展的变革性影响。

3. 由浅入深，从专业认知、企业实训模拟、企业实习浸润到实践创业，提高学生的团队精神和分工协作意识；通过专业课程实验、企业讲座、市场调研、专业实习、软件应用实训、创业实践等多种形式，让学生接触现实的行业领域；从显性的课本理论知识到各种旅游产品的生产和市场开发技术，到问题解决能力、沟通合作能力、想象创造能力的具备等，最终提高学生的团队精神和分工协作意识。

本书是河北省教育厅高等学校本科教学质量工程项目“高校旅游管理专业综合改革”（燕山大学旅游管理专业综合改革试点建设计划 zyzhgg008）的研究成果。教育部正在推动和实施“本科教学质量工程”“专业综合改革试点”等高等教育专业综合改革工程与项目，河北省已经全面启动各项改革试点。2012 年，燕山大学旅游管理专业被确立为河北省高等学校省级“专业综合改革试点”单位，在学校 OBE 改革的背景下，以 CDIO 为导向，结合旅游管理专业课程实践性强的特点。推进“旅游管理专业综合改革试点”项目。本书也体现了河北省高等教育教学改革研究与实践项目“基于 OBE 的工商管理专业 ACS 人才培养模式改革”（课题编号：2016-2017SJJG08）和“基于现代教学技术的旅游管理专业实践教学改革与建设”（课题编号：2017GJJG045）的部分研究成果。

本书的编写过程中，收集整理了部分网络资源和书籍资料，我们对书中应用的所有资源的网站和作者表示衷心感谢。由于一些资料的来源并未标明，我们没有能够将他们列入其中，在此，向他们表示衷心感谢。

本书的编写成员：张玉琪、孟祥月、董雪、辛佳琦、高颖、王宁、张鑫、王希章、董德文、宣杰、谢剑昭、逯宝峰、喻江平、许孝君、翁钢民、舒波、赵小萌、赵建强、冯麟茜、刘丽娟、李胜芬、王明霞、王潞、李树峰、白银亮、杨春江、尤振来、安静、李凌雁。部分本科生也参与调研和收集、整理资料，他们是吴凡、陈爽悦、孙嘉傲、朱淞宁、胡静怡、王梦圆、秦煜萍、杨强、孙怡、郭天月。

本书适用于旅游管理专业本科实践课程。

感谢燕山大学出版社的大力支持和帮助。本书的出版得到了燕山大学教务处、经济管理学院及相关学院和部门的大力支持，在此深表谢意！感谢河北省教育厅“高校旅游管理专业综合改革”项目的支持，感谢“河北省高等学校人文社会科学重点研究基地经费资助”（课题编号 JJJD1706）。

谨以此书献给高等院校旅游管理专业的专家、学者、教师、学生、旅游行业的业界人士及对旅游管理感兴趣的其他读者。由于编写时间仓促，书中难免存在一些不足之处，期盼各位同行、专家提出宝贵意见和建议。

目　　录

总论　旅游管理专业学生毕业要求…… 001

上篇　实验与实习

第一章　实验…… 007
“旅游规划与开发”课程实验教学大纲 …… 007
“餐饮服务与管理”课程实验教学大纲 …… 011
“导游概论”课程实验教学大纲 …… 014
“前厅客房服务与管理”课程实验教学大纲 …… 017
“旅游财务管理”课程实验教学大纲 …… 021
“地理信息系统”课程实验教学大纲 …… 024

第二章　实习…… 028

中篇　各 级 项 目

第三章　三级项目指导方案…… 039
“旅游财务管理”课程三级项目实施方案 …… 039
“餐饮服务与管理”课程三级项目实施方案 …… 045
“旅游经济学”课程三级项目实施方案 …… 051
“现代服务业管理”课程三级项目实施方案 …… 057
“现代饭店经营管理”课程三级项目实施方案 …… 063
“商务统计学”课程三级项目实施方案 …… 068

“客源国文化概论”课程三级项目实施方案 …………………… 074
“旅游地理”课程三级项目实施方案 ………………………… 080
“旅游规划与开发”课程三级项目实施方案 …………………… 086
“会展策划与管理”课程三级项目实施方案 …………………… 092
“地理信息系统”课程三级项目实施方案 ……………………… 098
“旅游人力资源管理”课程三级项目实施方案 ………………… 103
“导游概论”课程三级项目实施方案 ………………………… 108
“旅游市场营销”课程三级项目实施方案 ……………………… 113
“旅游心理学”课程三级项目实施方案 ……………………… 119
“前厅客房管理”课程三级项目实施方案 ……………………… 124
“旅行社商务英语”课程三级项目实施方案 …………………… 130
“旅游景区经营管理”课程三级项目实施方案 ………………… 134

第四章　二级项目 ………………………………………… 139
“旅游管理专业模块综合实训Ⅰ”项目说明书 ………………… 139
“旅游管理专业模块综合实训Ⅱ”项目说明书 ………………… 144
“旅游管理专业模块综合实训Ⅲ”项目说明书 ………………… 149
“旅游管理专业模块综合实训Ⅳ”项目说明书 ………………… 155

第五章　一级项目——毕业设计（论文）工作实施方案 ……… 160
经济管理学院本科生毕业设计（论文）工作实施方案 ………… 160

下篇　实 训 平 台

第六章　跨专业综合实习平台实践课程的设计与实施 ………… 171
第七章　旅游业虚拟仿真实训课程的设计与实施 ……………… 185
第八章　燕山大学旅游系微信公众平台顶岗实训 ……………… 190

附录 ……………………………………………………… 199

总　　论

旅游管理专业学生毕业要求

与高校工程类专业相比，旅游管理专业学生就业率偏低，在人才培养中模式较单一化、传统化，本科生就业被认为“硬件”不突出、“软件”不关注。通过对燕山大学旅游管理专业毕业生的调研发现，旅游管理专业培养的本科毕业生中自主创业和民企高管类人才占据了将近一半比例，其中不乏行业领军人物。通过对合作企业单位及毕业学生的进一步走访详谈发现，旅游管理专业人才培养的特色更应当关注社会和经济发展需求，侧重于创新创业型人才培养，不应该被就业率这种传统的测评体系所束缚。

CDIO 培养大纲将工程毕业生的能力分为工程基础知识、个人能力、人际团队能力和工程系统能力四个层面，结合旅游产业人才需求特征，旅游管理专业将人才毕业标准归纳为 12 个能力指标，对 12 个指标进行细化分解，每个指标又划分为若干个子指标。按照毕业指标及细分点的要求，四年的专业课程要能够涵盖并支撑起每个细分指标，详见下表。

旅游管理专业毕业要求及指标点分解

毕业要求	指标点
1. 经济管理知识：能够将数学、管理学、经济学、旅游学等原理的基础理论用于分析和解决旅游管理中的复杂经济管理问题（覆盖标准毕业要求 1）	1-1 能够运用数学、管理学、经济学、旅游学的基本概念表述酒店、会展、旅行社、景区等旅游企业及行业管理职能、组织构成、市场需求、行业发展状态等方面的问题
	1-2 能够针对酒店、会展、旅行社、景区等旅游企业及行业的发展选择定性、定量相结合的方法准确表达其发展现状
	1-3 能够对旅游企业或行业发展中存在的人力资源、市场营销、财务管理、公共关系、电子商务、产品和服务设计与创新、旅游项目规划问题和原因进行详细分析和解释

（续表）

毕业要求	指标点
	1-4 能从定量、定性相结合的角度针对旅游企业和行业中人力资源、市场营销、财务管理、公共关系、电子商务、产品和服务设计与创新、旅游项目规划等方面问题提出解决方案，并试图改进
2. 问题分析：能够将旅游管理相关的基础理论知识用于旅游企业管理、景区及区域旅游规划活动的分析和评价，并通过文献研究分析旅游行业中涉及的各种复杂问题，以获得有效结论（覆盖标准毕业要求 2）	2-1 能够运用数学、管理学、经济学、旅游科学的基本原理识别各种旅游企业及旅游行业出现的管理和经济问题
	2-2 能够将数学、管理学、经济学、旅游科学的基本原理用于旅游企业的诊断咨询、旅游产业的内外部环境分析等评价的表述之中
	2-3 掌握支撑决策过程的统计分析方法与其他工具方法，并能够用于分析旅游企业和行业的经济管理问题
	2-4 能够针对旅游酒店、会展、旅行社、景区管理中的问题和旅游行业发展问题提出较为合理的解决方法。
3. 设计 / 开发解决方案：能够应用旅游管理的基本原理和方法设计旅游产品与服务、开发旅游资源、调研与设立企业方案；能够在设计环节中体现创新思维，考虑社会、健康、安全、法律、文化以及环境等因素（覆盖标准毕业要求 3）	3-1 掌握旅游产品与服务设计、旅游规划的基本原理和方法
	3-2 能够在设计环节中体现创新思维，并考虑社会、健康、安全、法律、文化以及环境等因素
	3-3 有意愿并能够针对特定旅游企业情境和规划对象发现问题、提出问题并就改进的可行性进行初步分析
	3-4 应用旅游产品与服务原理、旅游规划基本原理和方法，根据实际环境及顾客需求，提出设计方案
	3-5 能够分析和评价旅游产品与服务质量及旅游规划方案的合理性
4. 研究：能够基于旅游科学原理和方法，进行研究、预测、优化，解决实践中的复杂问题（覆盖标准毕业要求 4）	4-1 能够熟悉和掌握饭店管理、旅行社管理、景区管理等旅游管理中的科学分析方法，通过对旅游产品 / 服务 / 信息的生产与分销的整合来创造价值
	4-2 具有进行旅游需求、行业发展状况调研方案设计，数据采集及分析处理的基本能力
	4-3 能够使用定性、定量方法预测旅游企业和旅游行业未来发展的趋势
5. 信息技术的应用：能够利用现代信息技术和软件工具解决管理问题、设计旅游产品、规划景区和产业发展蓝图（覆盖标准毕业要求 5）	5-1 掌握地理信息系统、规划设计软件的使用方法
	5-2 掌握统计分析等数量分析软件的应用方法
	5-3 能够利用财务软件、旅游管理软件进行旅游管理过程的分析与评估

（续表）

毕业要求	指标点
6. 旅游管理与社会：能够基于旅游管理相关背景知识进行合理分析，评价旅游实践和复杂旅游管理问题解决方案对社会、健康、安全、法律以及文化的影响，并理解应承担的责任	6-1 能够评论旅游实践和旅游管理问题解决方案对社会、健康、安全、法律以及文化的影响，并理解应承担的责任
7. 多元文化与多样化思考能力：能够了解和掌握不同民族、不同地域的旅游文化和管理模式，培养多元文化和多样化思考能力（覆盖标准毕业要求 7）	7-1 了解和掌握不同民族、不同地域的旅游文化和管理模式，培养多元文化和多样化思考能力
	7-2 了解全球旅游经济的发展趋势，了解不同民族、不同地域的旅游文化、旅游行业发展特征，具备全球化思维和能力
8. 商业伦理和社会责任：具有人文社会科学素养、社会责任感，能够在旅游管理实践中理解并遵守商业伦理、个人道德，积极承担社会责任（覆盖标准毕业要求 8）	8-1 理解商业竞争中的基本准则和法规
	8-2 理解旅游可持续发展观念
	8-3 理解旅游企业的社会责任和个人的社会责任
	8-4 理解基本职业道德的含义及其影响
9. 领导力和团队技能：能够在多学科背景下的团队中承担个体、团队成员以及负责人的角色（覆盖标准毕业要求 9）	9-1 能够理解团队中每个角色的定位以及对于整个团队的意义
	9-2 能够在团队中做好自己承担的角色，并能与其他成员协同合作，具有一定的领导才能
10. 表达与沟通能力：能够与业界同行及社会公众进行有效沟通和交流，并具备一定的国际视野，能够在跨文化背景下进行沟通和交流（覆盖标准毕业要求 10）	10-1 能够通过口头或书面方式表达自己的想法
	10-2 具有应用一门外语的能力，能够进行跨文化背景下的沟通和交流
	10-3 对旅游学科及其相关行业的国际状况有基本了解，并能积极表达自己的观点
11. 创新能力和创业精神：具备在旅游实践活动中的新思想、新方法的能力和优良创业素养（覆盖标准毕业要求 11）	11-1 具备在旅游实践（或案例、虚拟实践）活动中不断提供具有经济价值、社会价值、生态价值的新思想、新理论、新方法的能力
	11-2 具有使命责任、创新开拓、坚忍执着、正直诚信的创业品质和素养

（续表）

毕业要求	指标点
12. 终身学习：具有自主学习和终身学习的意识，有不断学习和适应发展的能力，能及时了解旅游管理最新理论、技术及国际前沿动态（覆盖标准毕业要求 12）	12-1 对于自我学习和发展的必要性有正确的认识，具备能够选择合适的途径实现自身发展的能力
	12-2 了解旅游管理相关分析技术与理论的重要进展和前沿动态

上篇

实验与实习

第一章 实　　验

"旅游规划与开发"课程实验教学大纲

英文名称：Tourism Planning and Development　　课程编码：05113020
学　　时：4　　学　　分：0.25
课程性质：专业基础课　　课程类别：课内实验
开课学期：第 × 学期　　适用专业：旅游管理

一、教学目标

通过实验课程的教学与实验活动，使学生掌握旅游资源调查、评价与图示的方法。培养学生的实际动手能力，具备分析和整理数据，以及与实验内容相应的文本、图、表等形式表现的能力。

二、教学目标与毕业要求的对应关系

毕业要求	指标点	课程教学目标
1. 设计 / 开发解决方案：能够应用旅游管理的基本原理和方法设计旅游产品与服务、开发旅游资源、调研与设立企业方案；并能够在设计环节中体现创新思维，考虑社会、健康、安全、法律、文化以及环境等因素（覆盖标准毕业要求 3）	1-1 掌握旅游产品与服务设计、旅游规划的基本原理和方法	教学目标 3
	1-2 应用旅游产品与服务原理、旅游规划基本原理和方法，根据实际环境及顾客需求，提出设计方案	

（续表）

毕业要求	指标点	课程教学目标
2. 信息技术的应用：能够利用现代信息技术和软件工具解决管理问题、设计旅游产品、规划景区和产业发展蓝图（覆盖标准毕业要求 5）	2-1 掌握地理信息系统、规划设计软件的使用方法	教学目标 5

三、基本内容

（一）实验项目及学时分配表

序号	项目名称	学时		实验类型
		实验	上机	
1	实验一：旅游资源分类、调查	2		综合
2	实验二：旅游资源评价方法	1		验证
3	实验三：旅游开发规划程序与规划地图的认知	1		演示、设计
合计		4		

（二）实验内容及要求（必做：4 学时）

1. 实验项目一：旅游资源分类、调查（支撑教学目标 3）

实验设备及材料：

调查地（景区）导游图，旅游资源（景区）分布图，其他旅游专题地图，调查表格，计算机。

实验原理：

掌握旅游资源分类与调查等各环节的内容与方法。

教学要求：

本实验要求学生课前预习实验指导书，指导教师应在实验前讲述实验的原理、步骤等，并利用电脑进行演示。学生实验操作过程中教师应有针对性地进一步指导、引导学生能正确、独立完成实验。

（1）布置学生收集调查地的基础资料。

（2）确定旅游资源调查方案。

（3）调查地区旅游资源信息的收集过程与方法。

（4）对旅游资源进行调查分类和分值记录。

实验要求：

通过此实验的学习和操作，使学生利用《旅游资源分类、调查与评价》（GB/T 18972—2003）的赋分标准，对旅游资源进行调查和分值记录。

2. 实验项目二：旅游资源评价方法（支撑教学目标 3）

实验设备及材料：

旅游资源分类，调查表格，计算机。

实验原理：

旅游资源评价标准。

教学要求：

本实验要求学生课前预习实验指导书，指导教师应在实验前讲述实验的原理、步骤等，并利用电脑进行演示。学生实验操作过程中教师应有针对性地进一步指导、引导学生能正确、独立完成实验。

（1）布置学生做好实验一的旅游资源分类、调查表格。

（2）对旅游资源进行定性及定量评价。

（3）对该地旅游资源开发方向提出建议。

实验要求：

通过此实验的学习和操作，使学生掌握旅游资源评价标准，并学会旅游资源评价内容与方法。

3. 实验项目三：旅游开发规划程序与规划地图的认知（支撑教学目标 5）

实验设备及材料：

有关旅游地旅游开发的基础资料或者旅游规划文本，计算机。

实验原理：

根据旅游规划文本编制旅游规划大纲。

教学要求：

根据旅游规划文本认知规划地图。

实验要求：

通过此实验的学习和操作，使学生学会绘制或者修改旅游规划附图。

四、成绩考核与评定

本实验成绩由小组实验报告成绩决定，共 10 分。最终每位学生提交 1 篇实验报告，内容如下：必须结合某旅游地实例，进行旅游资源调查、分类、评价，并画出当地旅游资源布局图。

教学目标 3 通过实验报告内容一至四的表格和分析来综合考评。

要求学生能够正确使用调查地（景区）导游图、旅游资源（景区）分布图、其他旅游专题地图，填写《旅游资源分类、调查与评价》（GB/T 18972—2003）的表格，教师依据表格中内容进行评价。

教学目标 5 通过实验报告内容五的布局图等来综合考评。

要求学生能够正确使用有关旅游地规划文本和图件，教师依据图件中叠加的布局图进行评价。

五、参考资料

1. 郭伟，殷红梅 . 旅游规划原理与实务 [M]. 北京：北京大学出版社，2012.

2. 吴必虎 . 区域旅游规划原理 [M]. 北京：中国旅游出版社，2004.

3. 马勇，李玺．旅游规划与开发 [M].2 版 . 北京：高等教育出版社，2006.

“餐饮服务与管理”课程实验教学大纲

英文名称：Food and Beverage Service and Management 课程编码：05112890
实验学时：8 课程类别：课内实验
开课学期：第 × 学期 适用专业：旅游管理

一、教学目标

通过对“餐饮服务与管理”实验教学的学习，使学生具备以下的能力：

（1）对餐饮管理的基本服务操作、程序和标准有一个较全面的认识，掌握餐厅经营管理特点。

（2）熟悉餐饮服务与餐饮经营管理活动的基础，能够熟练操作餐饮流程，对餐饮的经营管理进行科学规范创新的管理实践。

（3）对餐厅服务工作有正确的认知，培养正确的职业素养和道德规范。

二、教学目标与毕业要求的对应关系

毕业要求	指标点	课程教学目标
1. 设计 / 开发解决方案：能够应用旅游管理的基本原理和方法设计旅游产品与服务、开发旅游资源、调研与设立企业方案；并能够在设计环节中体现创新思维，考虑社会、健康、安全、法律、文化以及环境等因素（覆盖标准毕业要求 3）	1-1 掌握旅游产品与服务设计、旅游规划的基本原理和方法	教学目标 1、2
	1-2 应用旅游产品与服务原理、旅游规划基本原理和方法，根据实际环境及顾客需求，提出设计方案	
2. 商业伦理和社会责任：具有人文社会科学素养、社会责任感，能够在旅游管理实践中理解并遵守商业伦理、个人道德，积极承担社会责任（覆盖标准毕业要求 8）	2-1 理解基本职业道德的含义及其影响	教学目标 3

三、基本内容

（一）实验项目及学时分配表

序号	项目名称	学时		实验类型
		实验	上机	
1	实验一：餐饮管理软件的模拟使用		4	综合
2	实验二：餐饮服务程序与流程	4		综合
合计		8		

（二）实验内容及要求（必做：8 学时）

1. 实验项目一：餐饮管理软件的模拟使用（支撑教学目标 1、3）

实验设备及材料：

电脑，酒店模拟软件。

实验原理：

餐饮前厅中餐服务与管理。

教学要求：

本实验要求学生在指导教师指导下了解餐饮软件的原理、步骤等，并利用电脑进行操作。学生实验操作过程中教师应有针对性地进一步指导、引导学生能正确、独立完成实验。

（1）熟悉不同餐厅与酒店部门之间的业务流程。

（2）熟悉餐饮部门服务技巧与服务流程。

2. 实验项目二：餐饮服务程序与流程（支撑教学目标 2）

实验设备及材料：

各类酒水、酒具、托盘、红酒瓶、白酒瓶、啤酒瓶、水杯、红酒杯、白酒杯、餐巾、筷子、餐台、转盘、台布、长柄勺、刀叉、筷子、汤碗、汤盆、烟灰缸、打火机、火柴、香巾、骨碟等。

实验原理：

托盘服务、摆台服务、斟酒服务、菜肴服务、席间服务等。

教学要求：

本实验要求学生课前预习实验指导书，指导教师应在实验前讲述实验的原理、步骤等，并进行现场演示。学生实验操作过程中教师应有针对性地进一步指导、引导学生能正确、独立完成实验，并且在基本服务技能与程序的基础上进行创新性的服务方法的尝试。

（1）具体服务技能：白酒、啤酒、葡萄酒等斟倒与服务，菜肴上菜方法与程序，分菜方法，茶水服务，香烟服务，餐具更换服务等。

（2）餐前预备工作、餐中服务工作、餐后整理工作。

四、成绩考核与评定

成绩共 10 分，根据学生的动手能力、实验结果、创新能力、实验报告等，进行综合评定成绩。动手能力和实验结果占 3 分，创新能力占 2 分，实验报告占 5 分。缺课者不予通过。

目标能力 1 的达成通过实验报告的合理性、可行性、规范性来综合考评。

要求学生实验报告撰写格式规范、能够准确完整描述实验内容与过程，并提出个人的心得与见解。

目标能力 2 的达成通过实验过程中学生的动手能力、熟练程度和创新能力来综合考评。

要求学生能够按照老师的要求熟练无误地完成服务操作程序和项目，不出现失误与错误的操作，并且在基本项目基础上进行创新性的服务方式设计。

目标能力 3 的达成通过学生实验态度和实验报告的内容来考评。

要求学生能够在实验中不迟到早退，严格遵守实验纪律，实验心得撰写深刻。

五、参考资料

毛慎琦 . 餐饮服务技能实训 [M]. 北京：机械工业出版社，2012.

“导游概论”课程实验教学大纲

英文名称：Experiment of Tour Guide　　课程编码：05111280
实验学时：8　　课程类别：课内实验
开课学期：第 × 学期　　适用专业：旅游管理

一、教学目标

通过知名导游与学生交流、优秀学生模拟导游讲解的实验过程，使学生具备下列能力：

（1）树立“宾客至上”理念，培养团队合作意识，在工作团队中能够进行多方沟通，协调好组团社、地接社、游客等之间的关系。

（2）掌握导游服务所需的核心技能，运用所学的知识和技能，结合具体的旅游景区进行基本的导游讲解工作内容，能够向游客介绍景区的基本情况。

（3）掌握团队旅游和散客旅游服务的基本规范，对于带团过程中出现的突发状况具备一定的应急处理能力，了解处理方法，做好事故出现前的预防工作。

二、教学目标与毕业要求的对应关系

毕业要求	指标点	课程教学目标
1. 经济管理知识：能够将数学、管理学、经济学、旅游学等原理的基础理论知识用于分析和解决旅游管理中的复杂经济管理问题（覆盖标准毕业要求 1）	1-1 能够运用数学、管理学、经济学、旅游学的基本概念表述酒店、会展、旅行社、景区等旅游企业及行业管理职能、组织构成、市场需求、行业发展状态等方面的问题	教学目标 1
	1-2 能够针对酒店、会展、旅行社、景区等旅游企业及行业的发展选择定性、定量相结合的方法准确表达其发展现状	

（续表）

毕业要求	指标点	课程教学目标
	1-3 能够对旅游企业或行业发展中存在的人力资源、市场营销、财务管理、公共关系、电子商务、产品和服务设计与创新、旅游项目规划问题和原因进行详细分析和解释	
2. 问题分析：能够将旅游管理相关的基础理论知识用于旅游企业管理、景区及区域旅游规划活动的分析和评价，并通过文献研究分析旅游行业中涉及的各种复杂问题，以获得有效结论（覆盖标准毕业要求 2）	2-1 能够运用数学、管理学、经济学、旅游科学的基本原理识别（仍然使用原文字，旅游管理相关问题可以表述为识别）各种旅游企业及旅游行业出现的管理和经济问题	教学目标 2、3
	2-2 能够针对旅游酒店、会展、旅行社、景区管理中的问题和旅游行业发展问题提出较为合理的解决方法	

三、基本内容

（一） 实验项目及学时分配表

序号	项目名称	学时		实验类型
		实验	上机	
1	实验一：知名导游与学生交流	2		
2	实验二：优秀学生模拟导游讲解	6		
合计		8		

（二） 实验内容及要求（必做：8 学时）

1. 实验项目一：知名导游与学生交流（支撑教学目标 1）

实验设备及材料：

知名导游的背景信息，工作履历。

实验原理：

讲解导游在真实的带团中的实际经历，补充课堂的理论课程。

教学要求：

通过知名导游在带团中的经历，树立学生的团队协作意识，增强学生的应变能力，使学生更加全面、真实地了解导游工作的过程和工作环境，补充课堂理论教学的不足。

2. 实验项目二：优秀学生模拟导游讲解（支撑教学目标 2、3）

实验设备及材料：

秦皇岛内著名景区导游讲解词。

实验原理：

学生自行选取秦皇岛内知名景区撰写导游词，并模拟导游在现实中的导游情景，通过合理的语言表达方式和肢体表达方式进行展示。

教学要求：

学生进行模拟导游讲解，训练学生文字创作、语言表达、心理承受、环境感知与适应等方面的素质。要求学生能够根据教师设定的场景进行现场创作，并用语言表达出来，同时能够承受观众（教师与学生）的考验，并调动现场的气氛。

四、成绩考核与评定

本实验成绩由现场模拟导游讲解的成绩决定，共 10 分，其中导游词的创作占 30%，学生的语言表达能力占 50%，模拟导游讲解时与老师和学生的互动占 20%。

目标能力 1 的达成通过导游词的创作来进行综合考评。

要求学生导游词的创作中要准确、精练地展示景区的特点，同时具有一定的文学性，教师依据导游词的文字介绍进行评价。

目标能力 2 的达成通过学生的语言表达能力和现场的气氛调动来综合考评。

要求学生能够自然地表达导游词的相关内容，对于模拟导游环境中发生的状况具备一定的应变能力，教师依据学生在现场中的表现及应变能力进行评价。

五、参考资料

1. 付岗 . 导游实务 [M]. 北京：中国旅游出版社，2008.

2. 逯宝峰 . 旅游文学鉴赏 [M]. 北京：中国科学技术出版社，2009.

“前厅客房服务与管理”课程实验教学大纲

英文名称：Front Office and Housekeeping Service & Management
课程编码：05112880
实验学时：8　　课程类别：课内实验
开课学期：第×学期　　适用专业：旅游管理

一、教学目标

通过前台管理软件的模拟使用与操作、前台接待服务情景模拟实验，使学生具备下列能力：

（1）通过对前台管理软件的模拟使用与操作，使学生对宾客接待周期内所涉及的客房预订、入住登记、房态转换及核对、离店退房、客账管理、客史档案管理等一系列前台业务有直观的了解和认识，能熟练使用管理软件进行预订授理、入住登记接待、退房结账等业务的操作。

（2）通过前台接待服务情景模拟实验，使学生切身体会和感受预订授理、前台接待、推销客房、处理投诉等环节的工作内容、工作要求，培养学生的职业素养和专业服务技能。要求学生能正确使用前台礼貌用语和常用服务用语，表述准确、精练，彬彬有礼，有条不紊，灵活处理客人的各种服务要求，以促成客房产品的销售，同时注意体态语言、客房销售技巧和报价技巧的使用。

二、教学目标与毕业要求的对应关系

毕业要求	指标点	课程教学目标
1. 领导力和团队技能：能够在多学科背景下的团队中承担个体、团队成员以及负责人的角色（覆盖标准毕业要求 9）	1-1 能够理解团队中每个角色的定位以及对于整个团队的意义	教学目标 1

（续表）

毕业要求	指标点	课程 教学目标
	1-2 能够在团队中做好自己承担的角色，并能与其他成员协同合作，具有一定的领导才能	
2. 表达与沟通能力：能够与业界同行及社会公众进行有效沟通和交流，并具备一定的国际视野，能够在跨文化背景下进行沟通和交流（覆盖标准毕业要求 10）	2-1 能够通过口头或书面方式表达自己的想法	教学目标 2
	2-2 具有应用一门外语的能力，能够进行跨文化背景下的沟通和交流	
	2-3 对旅游学科及其相关行业的国际状况有基本了解，并能积极表达自己的观点	

三、基本内容

（一）实验项目及学时分配表

序号	项目名称	学时		实验类型
		实验	上机	
1	实验一：饭店前台管理软件的模拟使用		4	综合
2	实验二：前厅接待服务情景模拟	4		综合
合计		8		

（二）实验内容及要求

1. 实验项目一：饭店前台管理软件的模拟使用（支撑教学目标 1）

实验设备及材料：

电脑，酒店模拟软件，打印机，RC 单，预订单，房卡，客房状况报表，客房状况调整表，接待情况汇总表，团队名单等。

实验原理：

（1）模拟接待客人入住、预订、分房、离店结账等业务操作。

（2）模拟为客人排房、分房并注意排房技巧的运用。

（3）正确显示、控制、核对房态。

（4）建立、使用客史档案。

教学要求：

通过此模拟实验的学习和操作，使学生对前台入住登记、客房预订、退房服务、房态转换及核对、客史档案管理等服务过程及程序有直观的了解和认识；能熟练接待前台客人办理入住、退房等业务。

2. 实验项目二：前厅接待服务情景模拟（支撑教学目标 2）

实验设备及材料：

《前厅客房服务与管理》实验指导书。

实验原理：

（1）前台预订服务情景模拟。

（2）前台入住登记接待服务情景模拟。

（3）机场代表迎接客人情景模拟。

（4）行李寄存服务情景模拟。

（5）前台客房销售情景模拟。

（6）客人投诉接待及授理情景模拟。

教学要求：

通过前厅接待服务情景模拟实验，使学生切身体会和感受预订授理、前台接待、推销客房、处理投诉等环节的工作内容和工作要求，培养学生的职业素养和专业服务技能。要求学生能正确使用前台礼貌用语和常用服务用语，表述准确、精练，彬彬有礼，有条不紊，灵活处理客人的各种服务要求。

四、成绩考核与评定

本实验成绩由两部分组成，共 20 分，其中实验操作占 70%，实验报告占 30%。

要求学生认真准备，全程参与，独立完成实验内容并按时提交实验报告。未按时提交实验报告或实验报告有抄袭现象的，该次实验成绩按零分计。实验成绩占总成绩的 20%。

目标能力 1 的达成通过前台管理软件使用的熟练性、规范性、正确性、模拟任务的完成效率来综合考评。

前台管理软件使用：要求学生熟练使用前台管理系统，按要求完成各项服务内容，教师依据任务完成情况和效率进行评价。

目标能力 2 的达成通过学生在情景模拟中的表现来综合考评。

情景模拟要求学生能熟练应对预订授理、前台接待、推销客房、处理投诉等环节的工作内容，在工作过程中能体现基本的职业素养和专业服务技能。要求学生能正确使用前台礼貌用语和常用服务用语，表述准确、精练，彬彬有礼，有条不紊，灵活处理客人的各种服务要求，同时注意体态语言、客房销售技巧和报价技巧的使用。教师依据学生在情景模拟中的表现进行评价。

五、参考资料

1. 朱承强 . 饭店前厅与客房管理 [M].2 版 . 天津：南开大学出版社，2010.

2. 孟庆杰 . 前厅客房服务与管理 [M]. 3 版 . 大连：东北财经大学出版社，2007.

3. 吴梅 . 前厅部运行与管理 [M]. 北京：旅游教育出版社，2003.

“旅游财务管理”课程实验教学大纲

英文名称：Financial Management Experiment of Tourism 课程编码：051A9310
实验学时：4 课程类别：课内实验
开课学期：第 × 学期 适用专业：旅游管理

一、教学目标

通过资金时间价值和企业的投资决策及 Excel 应用实验，使学生具备下列能力：

（1）了解 Excel 财务数据分析函数的主要功能，掌握 Excel 在财务管理决策中的应用原理。

（2）掌握 Excel 在资金时间价值计算、投资决策等方面的应用，并结合案例数据情境，作出分析报告。

二、教学目标与毕业要求的对应关系

毕业要求	指标点	课程教学目标
1. 信息技术的应用：能够利用现代信息技术和软件工具解决管理问题、设计旅游产品、规划景区和产业发展蓝图（覆盖标准毕业要求 5）	1-1 能够利用财务软件、旅游管理软件进行旅游管理过程的分析与评估	教学目标 1、2

三、基本内容

（一）实验项目及学时分配表

序号	项目名称	学时		实验类型
		实验	上机	
1	实验一：时间价值的 Excel 的计算	2		综合

（续表）

序号	项目名称	学时		实验类型
		实验	上机	
2	实验二：利用 Excel 进行投资决策分析	2		综合
合计		4		

（二）实验内容及要求（必做：4 学时）

1. 实验项目一：描述统计分析的 Excel 实现与设计（支撑教学目标 1）

实验设备及材料：

计算机，Excel2003/2007/2010。

实验原理：

时间价值的计算。

教学要求：

本实验要求学生课前预习实验指导书，指导教师应在实验前讲述实验的原理、步骤等，并利用电脑进行演示。学生实验操作过程中教师应有针对性地进一步指导、引导学生能正确、独立完成实验。

实验要求：

通过此实验的学习和操作，使学生能够利用 Excel 软件进行时间价值的计算。

2. 实验项目二：旅游企业投资决策分析（支撑教学目标 2）

实验设备及材料：

计算机，Excel2003/2007/2010。

实验原理：

投资决策的评价方法（净现值法）。

教学要求：

本实验要求学生课前预习实验指导书，指导教师应在实验前讲述实验的原理、步骤等，并利用电脑进行演示。学生实验操作过程中教师应有针对性地进一步指导、引导学生能正确、独立完成实验。

实验要求：

通过实验，使学生掌握利用软件进行投资活动的决策。要求学生熟练掌握投资决策的评价方法，并能够借助软件计算结果来进行决策。

四、成绩考核与评定

本实验成绩由实验报告成绩决定，共 10 分，每次 5 分。

要求学生能够正确使用软件进行数据的处理和分析，教师依据统计分析报告中数据的处理结果和分析过程进行评价。

五、参考资料

1. 宋效中 . 公司理财 [M]. 北京：机械工业出版社，2013.
2. 贾玎，肖华 . 旅游企业财务管理 [M]. 上海：复旦大学出版社，2011.

“地理信息系统”课程实验教学大纲

英文名称：Geographical Information System　　课程编码：05112180
学　　时：16　　学　　分：1
课程性质：专业基础课　　课程类别：理论课
先修课程：高等数学，旅游规划与开发　　开课学期：第 × 学期
适用专业：旅游管理

一、教学目标

通过本实验，使学生具备下列能力：
（1）熟悉 ArcGIS 软件的基本使用和功能模块。
（2）ArcMap 的基础应用。
（3）地图的编辑，包括地图符号化及符号库制作等。
（4）ArcMap 地图配准。

二、教学目标与毕业要求的对应关系

毕业要求	指标点	课程教学目标
1. 信息技术的应用：能够利用现代信息技术和软件工具解决管理问题、设计旅游产品、规划景区和产业发展蓝图（覆盖标准毕业要求 5）	1-1 掌握地理信息系统、规划设计软件的使用方法	教学目标 1、2、3、4

三、基本内容

（一）实验项目及学时分配表

序号	项目名称	学时		实验类型
		实验	上机	
1	实验一：熟悉 ArcGIS 软件的功能模块	4		综合
2	实验二：掌握 ArcMap 的基础应用	4		综合
3	实验三：地图符号化及符号库制作	4		综合
4	实验四： ArcMap 地图配准	4		综合
合计		16		

（二）实验内容及要求（必做：16 学时）

1. 实验项目一：ArcGIS 软件功能模块的熟悉（支撑教学目标 1）

实验设备及材料：

计算机，ArcGIS 软件，相关区域地图数据。

教学要求：

本实验要求学生课前预习实验指导书，指导教师应在实验前讲述实验的原理、步骤等，并利用电脑进行演示。学生实验操作过程中教师应有针对性地进一步指导、引导学生能正确、独立完成实验。

实验要求：

通过此实验的学习和操作，使学生能够了解 ArcGIS10.1 的系统构成、桌面 GIS 的模块构成；熟悉 ArcMap 的界面，通过练习 ArcMap 的基本操作，了解 ArcMap 模块的主要功能和作用。

2. 实验项目二：ArcMap 的基础应用（支撑教学目标 2）

实验设备及材料：

计算机，ArcGIS 软件，相关区域地图数据。

教学要求：

本实验要求学生课前预习实验指导书，指导教师应在实验前讲述实验的原理、步骤等，并利用电脑进行演示。学生实验操作过程中教师应有针对性地进一步指导、引导学生能正确、独立完成实验。

实验要求：

通过实验，使学生掌握 ArcMap 中对地图文档的一些基本操作，比如检查要素图层，打开其他图层，查询地理要素及其他属性信息，并能根据要素属性设置图层渲染样式。

3. 实验项目三：地图的编辑（支撑教学目标 3）

实验设备及材料：

计算机，ArcGIS 软件，相关的地图数据。

教学要求：

本实验要求学生课前预习实验指导书，学生熟悉 ArcMap 基本操作及相关内容；指导教师在实验前讲述实验的原理、步骤等，并利用电脑进行演示。学生实验操作过程中教师应有针对性地进一步指导、引导学生能正确、独立完成实验。

实验要求：

了解符号化、注记标注、格网绘制以及地图整饰的意义，掌握基本的符号化方法、自动标注操作以及相关地图的整饰。

4. 实验项目四：ArcMap 地图配准（支撑教学目标 4）

实验设备及材料：

计算机，ArcGIS 软件，相关的地图数据。

教学要求：

本实验要求学生课前预习实验指导书，了解影像配准（Georeferencing）工具进行地形图的地理配准的原理，指导教师在实验前讲述实验的原理、步骤等，并利用电脑进行演示。学生实验操作过程中教师有针对性地进一步指导、检查、答疑，直至学生能正确、独立完成实验。

实验要求：

掌握影像配准（Georeferencing）工具进行地形图的地理配准的方法及步骤。

四、成绩考核与评定

成绩共 20 分，4 次实验，每次 5 分。根据学生的实验结果、实验报告等，进行综合评定成绩。其中每次实验的实验态度占 1 分，实验结果占 2 分，实验报告占 2 分。缺课者不予通过。

目标能力 1、2、3、4 的达成分别通过实验一、实验二、实验三、实验四过程中学生的实验态度、学生对软件的使用熟练程度、实验结果的正确性、实验报告的规范性来综合考评。

要求学生实验报告撰写格式规范，能够准确完整描述实验内容与过程。

要求学生能够按照老师的要求完成操作程序和项目，并且在基本项目基础上能进行融会贯通。

要求学生能够在实验中不迟到早退，严格遵守实验纪律。

五、参考资料

牟乃夏，刘文宝，王海银，等 .ArcGIS10 地理信息系统教程：从初学到精通 [M]. 北京：测绘出版社，2012.

第二章　实　　习

一、实习目的

根据旅游管理专业本科教学计划，学生从第四学期开始要进行专业实习。基于旅游管理的专业特点，专业实习是学生本专业学习的重要内容。通过安排学生深入到旅游企事业的管理和服务岗位进行较为全面的锻炼，从而使学生能够理论联系实际，具备一定的旅游管理和服务能力，毕业后马上能适应职业岗位的要求，符合用人单位的标准，并为其未来的职业发展奠定良好的基础。

二、实习方式

学生在旅游的企事业服务和管理岗位上岗，通过进行一线的实习，可以对其职业性进行更好的锻炼，培养其吃苦耐劳的精神和高度的职业责任心，表现好的可以在实习期间就提升到领导岗位。这种实习对学生来说是全面的，将使其终身受益。

三、实习内容

（1）了解并掌握旅游管理业务的主要内容、基本程序，树立职业兴趣和敬业精神，培养、锻炼管理者应具备的基本素质。

（2）熟悉实习部门的业务流程、管理内容，掌握常规的程序化的管理方法并学会运用。

（3）学会独立处理旅游管理中的一般性、常见性问题，培养并提高应变能力及处理突发事件的能力。

（4）培养锻炼创新能力，将理论知识与实践紧密结合，并在实践中总结提高。

（5）熟练掌握旅游企业一线服务技能，包括：总台迎宾、预订、接待、咨询、结账业务；客房做房业务；餐饮服务业务；康乐服务业务；商场部服务业务；消防硬件管理及事故应变方法等；旅行社接待业务、组团及做团业务，OTA 实习岗位网站维护、网络营销、网页制作、计调、外联、虚拟导游等。

四、实习内容安排情况

时间	实习内容	预期效果及目标
6月1日	实习动员会老师讲解实习单位的总体情况、实习时间安排及实习过程注意事项和学习目标，对学生进行实习前教育，并将学生分为酒店、旅行社及智慧旅游三大组	总结往年实习过程中的经验，扬长避短，达到提升实习效果的目的
6月5日	各组带队教师带领实习生前往各实习单位，做好与实习单位的交接工作，安排学生的食宿等	实习学生进驻实习单位
6月7日—6月11日	酒店组学生：接受酒店入职基础培训，通过参观了解实习酒店工作特点、流程 旅行社组学生：接受旅行社的入职基础培训，通过参观了解实习单位工作特点、流程 智慧旅游组：接受实习旅游科技公司入职基础培训，通过参观了解 OTA 工作流程、工作特点	通过入职基础培训，了解实习单位以及岗位特点，为接下来的培训做好思想和知识准备
6月12日—7月20日	酒店组学生：接受酒店岗前培训，熟悉并掌握酒店实习各岗位（前台、餐饮、娱乐、客房）工作内容，接受人力资源部岗位流程技能培训 旅行社组学生：接受旅行社的岗前培训，熟悉掌握旅行社的岗位职责以及业务（导游、计调、外联、企业营销策划，旅游电子商务，文案撰写），接受人力资源部岗位流程技能培训 智慧旅游组学生：接受实习 OTA 岗前培训，熟悉并掌握 OTA 实习岗位（网站维护、网络营销、计调、外联）工作内容，接受岗位流程技能培训	通过接受岗位流程的技能培训，使每个学生掌握各岗位的技能要求以及岗位之间的衔接，使学生理解工作中团队合作的重要性

（续表）

时间	实习内容	预期效果及目标
7月21日—7月31日	酒店组学生：进行岗位（前厅、客房、餐饮、娱乐）流程的模拟培训，接受人力资源部的理论和模拟实践考核，综合考核结果和实习生意愿，确定各实习生具体实习岗位 旅行社组学生：进行导游、计调、外联、文案等服务流程的模拟培训，接受人力资源部的理论和模拟实践考核，综合考核结果和实习生意愿，确定各实习生具体实习岗位 智慧旅游组学生：进行岗位（网页制作、计调、外联、虚拟导游）流程的模拟培训，接受人力资源部的理论和模拟实践考核，综合考核结果和实习生意愿，确定各实习生具体实习岗位	通过模拟实践培训，使学生在上岗前了解并熟悉所在岗位的能力需要，掌握特殊、突发情况的一般规律方法
8月1日—8月20日	酒店组学生：由酒店有经验的员工带实习生真正接触实习岗位，接受手把手的在岗培训，面对面地服务顾客 旅行社组学生：由旅行社有经验的员工带实习生真正接触实习岗位，跟随旅游团队，面对面地服务顾客 智慧旅游组学生：由正式员工带实习生真正接触实习岗位，接受手把手的在岗培训	通过在岗培训，达到理论和实践生产相结合的目标。服务业最终是服务顾客，通过在岗培训，使学生们更好地将理论知识融汇到实际中
8月21日—8月26日	酒店组学生：在岗技能及理论最终考核 旅行社组学生：在岗技能及理论最终考核 智慧旅游组学生：在岗技能及理论最终考核	通过理论和技能考核，使学生达到独立工作的水平
8月27日	公布最终考核结果，安排实习生独立工作岗位，未通过考核的实习生由员工带岗工作，等待接受第二次考核	通过考核，使学生们确认自己的工作能力，加强独立工作的信心
8月28日—9月30日	酒店组学生：实习生基本能独立完成岗位（前厅接待、餐饮服务、娱乐部、客房部）工作，达到酒店要求的水平 旅行社组学生：实习生能基本独立完成岗位的简单工作，例如导游服务、电子商务、文案撰写等，能够达到初入职能力水平 智慧旅游组学生：实习生基本能独立完成岗位（网页制作、计调、外联、虚拟导游）工作，基本能够解决工作中遇到的问题	通过独立工作使学生们减少对老员工的依赖，加深对具体工作的认识，提高解决实际问题的能力
10月1日—10月9日	在带队老师陪同下酒店组、旅行社组学生和智慧旅游组学生陆续返回学校，独立完成实习报告等材料	知识汇总与交流、总结

五、实习生管理条例

为进一步加强实习学生的管理，特制定本条例。

（一）上班制度

（1）实习生必须严格遵守实习单位的有关规章制度，服从实习单位的安排和管理，上班不迟到、不早退，按时进入指定的工作岗位，下班须经管理人员允许后方可离开。

（2）实习生进入工作岗位前必须根据单位要求更换工作服，做好一切准备工作，确保安全、文明工作。在实习期间因学生自己违反操作规程或操作不慎、行为不规范等原因所造成的一切后果由学生本人自行承担。

（3）实习生应严格履行实习单位的财务管理手续，做到日清月结，如有损坏、丢失，凡个人承担的部分要照价赔偿。

（4）实习生不准擅自离开实习岗位，有事离岗需经班组长或管理人员批准，返回岗位应及时向班组长或管理人员报告。

（5）在工作场所内，不准嬉闹、奔跑、大声叫喊、接打私人电话，上班不准串岗、聊天，不准打瞌睡、干私活、看小说，或参加非企业组织的其他活动。

（6）尊重实习单位领导和管理人员，听从安排，服从分配，安心本职工作，虚心求教，刻苦钻研业务，提高岗位技能，争取尽快达到顶岗作业的要求。

（7）服从带队教师的管理，按时返校报到，完成学校和带队教师布置的任务。

（二）考勤制度

（1）实习生需严格遵守实习单位的作息时间，在符合实习单位请假制度的前提下，需按照学校规定办理请假手续，不得擅自离开实习单位。如需回校，须经带队教师和实习单位批准。

（2）实习生必须按时参加实习单位规定的工作、培训或其他活动。因病不能参加者，应及时向实习老师和单位领导请假，也可先由学生或家长代为请假，但事后必须补交医院证明。

（3）实习生原则上不允许请事假，如遇特殊情况，必须办理请假手续，其程序为：先向带队教师提交附有家长签字的请假条，然后带队教师与实习单位进行沟通，在征得带队教师和实习单位领导同意，安排好工作交接方可生效。假满后及时到带队教师处销假。

（4）实习生请病、事假，应征得带队教师和实习单位领导同意。请假一天以内经带队教师审批，两天以上（含两天）报系主任审批，否则按旷工论处。

（5）实习生迟到三次视为旷工一天，并发违纪通知单一张；连续旷工两天以上（含两天）接受纪律处分；连续旷工满三天，实习成绩记为不及格。

（6）待岗学生必须听从带队教师安排，在规定时间内到实习单位和学校报到。

（三）安全制度

（1）实习生上下班遵守交通规则，文明骑车，文明乘车，增强自我保护意识。

（2）工作期间，要严格按照实习单位岗位要求或在管理人员指导下规范操作，不得违规。工作结束，办理好财、物交接手续，清理工作现场，整理工具、财物等，物品摆放有序、安全。不擅自动用顾客、客户任何物品。

（3）住在实习单位宿舍的实习生，每天检查水、电、气、火等装置的安全，注意防火、防盗，保管好自己的物品。绝对不允许私自将亲友、学生等带到实习单位宿舍借宿。

（四）考核制度

实习生实习成绩的考核与评定是整个实习教学过程中不可缺少的环节，是检查教学质量、评价教学效果的重要手段，毕业生实习鉴定不合格者不予毕业。

（1）学生日记填写情况（30%），要求记录实习心得、体会，分析企业管理的得失，关注企业文化、组织制度、市场营销、公共关系等方面，每周不少于两篇。

（2）实习报告（30%），记录实习主要经历、分析实习成败得失、讨论实习企业单位的管理与运营等，字数不得少于 3000 字，A4 纸打印。

（3）实习鉴定（40%）。

（五）其他规定

（1）实习学生要认真填写《×× 大学实习日志》，在返校一周内由实习组长收齐交给带队老师。

（2）实习生必须遵纪守法，自觉遵守社会公德，维护学校、实习单位声誉。

（3）实习生须自觉遵守学校和实习单位的一切规章制度。实习生不得穿奇装异服，不染发、不穿拖鞋；男生不蓄长发、不理光头；女生不化浓妆、不戴首饰。出现以上情况之一，经教育仍不改正按违纪处理。

（4）实习生未经允许不能擅自联系其他实习单位。

（5）实习生擅自离开学校安排的实习单位，并给学校造成不良影响的，视情节轻重给予纪律处分，实习鉴定作不合格处理。

（6）实习生不许在外留宿。

（7）实习生在实习期间对实习单位有意见应及时与带队老师联系，由学校与实习单位协调，实习生或家长不得直接与实习单位发生冲突，若无理取闹，给学校声誉造成不良影响，学校将对其做出相应的处分。

（8）对违纪违规、无故旷工等行为的学生处理办法参照学校有关规定执行。

（9）实习生因违法、违纪或工作懒散等原因，被实习单位退回，学校将不再安排新的实习单位，并将做出相应的纪律处分。

（10）实习安排之前，每个学生必须如实填写自己的身份信息，由学校统一办理学生实习平安保险。不办理者，实习期间发生的问题与事故一切后果自负。

××大学旅游系实习鉴定表

<table>
<tr><td>姓名</td><td colspan="2"></td><td>专业</td><td></td><td>学号</td><td colspan="2"></td></tr>
<tr><td rowspan="15">定量评定</td><td rowspan="2">序号</td><td colspan="2" rowspan="2">项目</td><td colspan="4">评价结果</td></tr>
<tr><td>满分</td><td>评分</td><td>合计</td><td>总计</td></tr>
<tr><td>1</td><td rowspan="5">态度</td><td>合作精神</td><td>8</td><td></td><td rowspan="5"></td><td rowspan="12"></td></tr>
<tr><td>2</td><td>主动性</td><td>8</td><td></td></tr>
<tr><td>3</td><td>责任心</td><td>8</td><td></td></tr>
<tr><td>4</td><td>纪律性</td><td>8</td><td></td></tr>
<tr><td>5</td><td>创新精神</td><td>8</td><td></td></tr>
<tr><td>6</td><td rowspan="4">能力</td><td>创新能力</td><td>8</td><td></td><td rowspan="4"></td></tr>
<tr><td>7</td><td>业务能力</td><td>8</td><td></td></tr>
<tr><td>8</td><td>解决问题能力</td><td>8</td><td></td></tr>
<tr><td>9</td><td>沟通能力</td><td>8</td><td></td></tr>
<tr><td>10</td><td rowspan="3">成效</td><td>完成工作量</td><td>15</td><td></td><td rowspan="3"></td></tr>
<tr><td>11</td><td>是否按时完成</td><td>8</td><td></td></tr>
<tr><td>12</td><td>获奖</td><td>5</td><td></td></tr>
<tr><td colspan="2">有无
就业招聘意向</td><td colspan="5"></td></tr>
<tr><td>定性评定</td><td colspan="7">实习单位签章：
年 月 日</td></tr>
</table>

学生对企业专业顶岗实习满意度观测表

<table>
<tr><td rowspan="2">序号</td><td colspan="2">满意度项目</td><td rowspan="2">分值权重</td><td rowspan="2">评分结果</td></tr>
<tr><td>层面</td><td>观测点</td></tr>
<tr><td>1</td><td rowspan="11">文化</td><td>企业声望</td><td></td><td></td></tr>
<tr><td>2</td><td>企业文化</td><td></td><td></td></tr>
<tr><td>3</td><td>制度规范</td><td></td><td></td></tr>
<tr><td>4</td><td>企业氛围</td><td></td><td></td></tr>
<tr><td>5</td><td>人际沟通</td><td></td><td></td></tr>
<tr><td>6</td><td>外部营销</td><td></td><td></td></tr>
<tr><td>7</td><td>创新精神</td><td></td><td></td></tr>
<tr><td>8</td><td>职业规划</td><td></td><td></td></tr>
<tr><td>9</td><td>环境塑造</td><td></td><td></td></tr>
<tr><td>10</td><td>管理模式</td><td></td><td></td></tr>
<tr><td>11</td><td>人文关怀</td><td></td><td></td></tr>
<tr><td>12</td><td rowspan="7">生活</td><td>收入水平</td><td></td><td></td></tr>
<tr><td>13</td><td>住宿环境</td><td></td><td></td></tr>
<tr><td>14</td><td>饮食结构</td><td></td><td></td></tr>
<tr><td>15</td><td>交通便利程度</td><td></td><td></td></tr>
<tr><td>16</td><td>安全程度</td><td></td><td></td></tr>
<tr><td>17</td><td>保险保障</td><td></td><td></td></tr>
<tr><td>18</td><td>假期制度</td><td></td><td></td></tr>
<tr><td>19</td><td rowspan="9">工作</td><td>发展机遇</td><td></td><td></td></tr>
<tr><td>20</td><td>组织协调</td><td></td><td></td></tr>
<tr><td>21</td><td>工作方法</td><td></td><td></td></tr>
<tr><td>22</td><td>管理水平</td><td></td><td></td></tr>
<tr><td>23</td><td>交流次数</td><td></td><td></td></tr>
<tr><td>24</td><td>业务培训</td><td></td><td></td></tr>
<tr><td>25</td><td>日常指导</td><td></td><td></td></tr>
<tr><td>26</td><td>问题协调</td><td></td><td></td></tr>
<tr><td>27</td><td>工作环境</td><td></td><td></td></tr>
<tr><td>28</td><td rowspan="3">其他</td><td>加班标准</td><td></td><td></td></tr>
<tr><td>29</td><td>超值服务</td><td></td><td></td></tr>
<tr><td>30</td><td>特别激励</td><td></td><td></td></tr>
<tr><td></td><td>总评得分</td><td></td><td></td><td></td></tr>
</table>

中篇

各级项目

第三章　三级项目指导方案

“旅游财务管理”课程三级项目实施方案

旅游上市公司财务状况分析

×× 年秋季学期

（起止时间：第 ×× 周～第 ×× 周）

×× 年 ×× 月

一、项目概览

该课程研究项目要求学生根据所学的财务管理的理论和方法对旅游企业的财务管理状况进行财务分析。学生将组成课题小组，自己寻找旅游企业的财务状况或者由老师提供，通过小组讨论形成完整的分析工作方案，对该企业财务状况按照分工进行全面分析，并提出对策建议，最后形成分析报告。

二、实训目的

（1）了解企业的财务报表的格式和内容。

（2）学会搜集企业财务资料。

（3）掌握财务管理包括的内容。

（4）熟练运用财务管理的方法和理论进行财务分析。

（5）培养学生系统思维和科学分析的逻辑。

（6）培养学生责任意识与团队意识。

（7）培养学生沟通协作能力、项目组织与管理能力、交流表达能力。

三、主要内容

（1）确定分析的旅游企业及财务资料的收集。

（2）确定旅游企业财务分析方案和计划。

（3）进行财务管理内容的分析，包括企业的偿债能力、盈利能力、资产管理，企业的发展和相关的投资、筹资行为分析。

（4）提出分析结论和建议。

（5）撰写项目报告及答辩 PPT。

四、项目研究小组的主要分工

（1）每 5 ～ 6 名学生一组，相互协作完成项目所规定的研究内容，内容可以包括但并不限于这些内容。

（2）每个小组要在项目报告中标明每个人在总体工作中的贡献、工作量权重，或者每个人负责的内容。

（3）研究内容的质量会影响到每组的最终成绩，鼓励学生自己在项目框架内选取感兴趣的研究内容进行创新和深入研究。

五、项目进程安排

时间安排：从课程讲述内容结束后开始。上课下发任务，学生课下准备。

项目实训内容及时间安排见下表。

项目实训内容及时间安排

所属课程	时间安排	主要内容	备注
旅游财务管理	第 1、2 学时	确定课题，讨论确定分析内容、分析方法，对资料进行研读	
	第 3、4 学时	对企业财务状况进行分析讨论，并得出最后的结论和建议	
	第 5、6 学时	项目汇报	

六、基本要求

（1）项目期间，学生必须严格遵守实验室规章制度，坚决杜绝一切可能危及安全的事件发生，同指导教师一起创造一个良好的实训环境。

（2）项目期间，严格考勤。学生必须按时参加项目研究，不准无故缺席、早退。在实训中违反实验室规章制度的学生，将暂停或取消实训资格。在项目研究中对表现突出的学生给予奖励，并记入考核成绩。

（3）做好项目研究总结，撰写报告。

七、考核方式

项目执行期间，严格考勤。学生必须按时参加项目研究，不准无故缺席、早退。在项目研究中对表现突出的学生给予奖励，并记入考核成绩。

每位学生的三级项目成绩共 30 分，由小组成绩和组内成绩两部分构成。

组内成绩占 20%，小组成绩占 80%。

具体评分规则见下表。

成绩评定标准

<table>
<tr><th>序号</th><th colspan="2">评定条目</th><th>评定标准</th><th>备注</th></tr>
<tr><td rowspan="4">1</td><td rowspan="4">小组成绩</td><td rowspan="3">内容分析及演讲答辩（共 17 分）优秀适当奖励分数</td><td>资料搜集及小组工作计划和方案：2 分
（1）所选案例资料适合进行分析
（2）小组工作计划可行</td><td></td></tr>
<tr><td>财务状况分析：10 分
（1）投资决策分析
（2）筹资决策分析
（3）利润分配政策分析
（4）营运资金管理分析
（5）财务比例分析</td><td></td></tr>
<tr><td>答辩：5 分
（1）PPT 的效果
（2）答辩问题的清晰程度</td><td></td></tr>
<tr><td>项目报告（共 7 分）</td><td>（1）企业选取适合
（2）报告撰写内容完整、合理
（3）报告撰写形式规范</td><td></td></tr>
<tr><td>2</td><td colspan="2">组内成员贡献成绩（6 分）</td><td>由小组成员讨论确定</td><td></td></tr>
</table>

注：不参加研究项目的学生本门课程记零分。

“旅游财务管理”课程成绩评分原则

序号	评定条目	评定标准	备注
1	出勤成绩 （包含课程、项目） （10 分）	（1）全勤：10 分 （2）缺勤 1 次，扣 2 分 （3）无故旷课 5 次以上，取消本次课程成绩	
2	课程研究项目 （30 分）	项目小组成绩由三部分组成： （1）内容分析及演讲答辩，满分 17 分 （2）项目报告，满分 7 分 （3）组内成员贡献分数满分 6 分	
3	笔试成绩 （60 分）	依据卷面的实际得分计算	

注：上述各个环节，个人的表现将会直接影响全组成绩。

八、研究项目报告

1. 封面

封面设计应美观大方，且至少包含以下内容：

项目名称；姓名；指导教师；日期。

2. 前言

前言简要说明项目研究报告的目的和范围，介绍相关领域所做的工作和研究的概况，研究报告的意图、预期的结果及项目组分工。

3. 待分析企业的资料介绍

4. 研究报告正文

研究报告正文包括主要分析的财务管理的内容、采用的分析方法、得出的结论、给出的建议等。

5. 结论

简要总结项目的主要工作、主要结果、心得感受、主要发现，以及下一步应当开展的主要工作等。

6. 主要参考文献和资料

参考文献的书写要符合规范。

注意：

（1）报告总字数要求 3000 字以上，字迹工整，图文规范。

（2）每个课程小组都要交单独的项目报告。

（3）各组报告所选取内容要独立完成，若严重雷同，将会严重影响成绩；同时各个小组成员也要有明确的分工和合作。

（4）要在汇报的前一天前提交研究报告电子版和纸质文档。

九、参考资料的来源

通过校园网在学校订阅的电子资料库中可以搜索到大量的相关参考资料，学生们也可到学校的图书馆查找纸质期刊资料。

十、严禁剽窃抄袭行为

发现有剽窃抄袭行为的，研究项目成绩为零。

剽窃抄袭行为主要指：

（1）从参考资料中引用有关思想或结果，但没有在报告中指明该思想或结果的出处并且没有与自己的思想或研究结果进行清晰的区分。

（2）直接拷贝别人的研究结果当作自己的研究结果。

“餐饮服务与管理”课程三级项目实施方案

餐饮产品设计与管理

×× 年秋季学期

（起止时间：第 ×× 周～第 ×× 周）

×× 年 ×× 月

一、项目概览

该课程研究项目模拟现代餐饮企业中的产品服务与设计，餐饮产品是一个餐饮企业经营与管理的核心要点，可以把如企业类型、产品设计、资金筹集、市场调研、营销策划、服务质量管理等设为模拟课程的主体内容，把餐饮企业运营所处的内外环境抽象为一系列的规则。由学生分组，结合市场需求与同类竞争，进行不同风格产品菜单的创意设计。通过模拟使学生了解餐饮经营环境，理解餐饮企业经营特性，对整个企业的市场、战略、营销、财务等管理活动多方综合运用，学生能够更加深入地理解餐饮企业的功能，并能将所学的管理知识应用于实际，提高综合应用已有知识解决实际问题的能力，培养学生对餐饮企业经营管理的全局观。

二、实训目的

（1）深入理解餐饮企业发展规律与面临的宏、微观外部环境。

（2）理解现代餐饮企业成功运营的关键因素。

（3）掌握产品菜单设计的条件及流程。

（4）掌握餐饮企业产品服务管理相关知识。

（5）培养学生的创新、创业与责任意识。

（6）培养学生经营意识与规划能力。

（7）培养沟通协作能力、项目组织与管理能力、交流表达能力。

三、主要内容

（1）现代餐饮企业类型的选取（最好从教材中涉及的行业选取）。

（2）创立餐饮企业的宏、微观外部环境设定。

（3）餐饮企业产品项目主题确定。

（4）产品菜单的设计与管理流程。

（5）项目报告及答辩（包括实物展示、报告、PPT 或视频展示、真实情节模拟等）。

四、项目研究小组的主要分工

（1）每 2 ～ 4 名学生一组，相互协作完成项目所规定的研究内容，内容可以包括但并不限于这些内容。

（2）每个小组要在项目报告中标明每个人在总体工作中的贡献、工作量权重，或者每个人负责的内容。

（3）研究内容的质量会影响到每组的最终成绩，鼓励学生自己在项目框架内选取感兴趣的研究内容进行创新和深入研究。

五、项目进程安排

时间安排：从第 8 周下发任务，学生课下准备。第 10 ～ 11 周开始进行项目汇报展示。

项目实训内容及时间安排见下表。

项目实训内容及时间安排

所属课程	时间安排	主要内容	备注
餐饮服务与管理	1 ～ 2 学时	进行宴会主题的创立并公示，根据情景设计菜单，进行展示汇报	

六、基本要求

（1）项目期间，学生必须严格遵守实验室规章制度，坚决杜绝一切可能危及安全的事件发生，同指导教师一起创造一个良好的实训环境。

（2）项目期间，严格考勤。学生必须按时参加项目研究，不准无故缺席、早退。在实训中违反实验室规章制度的学生，将暂停或取消实训资格。在项目研究中对表现突出的学生给予奖励，并记入考核成绩。

（3）做好项目研究总结，撰写报告。

七、考核方式

项目执行期间，严格考勤。学生必须按时参加项目研究，不准无故缺席、早退。在项目研究中对表现突出的学生给予奖励，并记入考核成绩。

所有参加答辩的学生必须着正装，答辩时于台前站立汇报。实际操作与演示可由不同学生进行分工。

每位学生的三级项目成绩由小组成绩和组内成绩两部分构成。

小组成绩由以下两个方面进行评价：

（1）项目研究报告，占项目成绩的 40%。

（2）答辩与实际操作成绩，占项目成绩的 60%。

小组得分为组内所有学生的平均分，每位学生的得分依据其在组内的贡献，在小组平均分的基础上浮动，但最高分与最低分差值不得小于 15%。组内得分由各小组成员自行讨论确定，签字后由小组组长上报。

具体评分规则见下表。

项目小组成绩评定标准

序号	评定条目	评定标准	备注
1	项目考核、演讲、演示、答辩（共 12 分）优秀适当奖励分数	创立设计部分：4 分 （1）根据所选取餐饮企业类型，创立条件、形式符合实际需求 （2）主题明确、清晰 （3）成本与效益结合较好	
		操作操作部分：5 分 （1）操作技能符合行业要求 （2）主题设计与流程符合企业特征、市场需求 （3）项目可行性分析合理	
		答辩：3 分 （1）着装、礼仪符合规定 （2）回答有理有据	
2	项目报告（共 8 分）	（1）项目选取合理有实际意义（2 分） （2）报告撰写内容完整、合理（4 分） （3）报告撰写形式规范（2 分）	

注：不参加研究项目的学生本门课程记零分。

"餐饮服务与管理"课程成绩评分原则

序号	评定条目	评定标准	备注
1	出勤成绩（包含课程、项目、实践和实验）（10 分）	（1）全勤：10 分 （2）缺勤 1 次扣 1 分 （3）无故旷课 5 次以上，取消本次课程成绩	
2	讨论课成绩（10 分）	讨论小组成绩由三部分构成： （1）资料的查阅整理及 PPT 制作质量，占讨论课成绩的 30%，满分 3 分 （2）PPT 讲解及回答问题情况，占讨论课成绩的 40%，满分 4 分 （3）提问交流情况，占讨论课成绩的 30%，满分 3 分	
3	课程研究项目（20 分）	项目小组成绩由两部分组成： （1）宴会设计及相关报告的撰写，占 40%，满分 8 分 （2）操作、考核、演讲答辩及比赛，占 60%，满分 12 分	
4	实验成绩（10 分）	（1）保证出勤，缺勤 1 次，扣 2 分 （2）实验过程符合要求，满分 5 分 （3）实验报告撰写规范，内容完整合理，满分 5 分	
5	笔试成绩（50 分）	依据卷面的实际得分计算	

注：上述各个环节，个人的表现将会直接影响全组成绩。

八、研究项目报告

1. 封面

封面设计应美观大方，且至少包含以下内容：

项目名称；姓名；指导教师；日期。

2. 摘要

摘要应简明、确切地记述报告的重要内容，150 字左右，摘要后应注明 3 ～ 5 个关键词。

3. 前言

前言简要说明项目研究报告的目的和范围，介绍相关领域所做的工作和研究的概况、研究报告的意图、预期的结果及项目组分工。

4. 研究报告正文

研究报告正文包括介绍相关项目开展的研究内容的基本原理、所采用的研究方法及相关工具；详细说明项目的方案设计；给出研究结果并讨论等。主要提纲如下：

（1）选取的现代餐饮企业类型，进行的产品主题设计。

（2）企业环境设定（可从竞争环境、经济环境、客人需求等）。

（3）该产品设计情况（包括产品内容、口味、营养、器皿、颜色、价格等）。

（4）项目解析（每部分的设计细节展示）。

5. 结论

简要总结项目的主要工作、主要结果、心得感受、主要发现，以及下一步应当开展的主要工作等。

注意：

（1）报告总字数要求 2000 字以上，字迹工整，图文规范。

（2）每个课程小组都要交单独的项目报告。

（3）各组报告所选取内容要独立完成，若严重雷同，将会严重影响成绩；同时各个小组成员也要有明确的分工和合作。

（4）要在汇报的前一天前提交研究报告电子版和纸质文档。

九、参考资料的来源

通过校园网在学校订阅的电子资料库中可以搜索到大量的相关参考资料，学生们也可到学校的图书馆查找纸质期刊资料。

十、严禁剽窃抄袭行为

发现有剽窃抄袭行为的，研究项目成绩为零。

剽窃抄袭行为主要指：

（1）从参考资料中引用有关思想或结果，但没有在报告中指明该思想或结果的出处并且没有与自己的思想或研究结果进行清晰的区分。

（2）直接拷贝别人的研究结果当作自己的研究结果。

“旅游经济学”课程三级项目实施方案

旅游经济新闻播报与评析

×× 年秋季学期

（起止时间：第 ×× 周～第 ×× 周）

×× 年 ×× 月

一、项目概览

该课程研究项目通过学生收集整理旅游经济活动中的热点新闻，了解旅游经济发展的现状、旅游经济运行的规律、旅游经济发展趋势、旅游经济发展中优秀案例及存在的问题，让学生对旅游产业有一个全面的认识；通过播报的方式培养学生收集整理资料、多媒体课件的制作、演讲、提炼观点和总结归纳等能力，通过小组分工合作方式培养学生团结合作的能力；通过课堂演示的方式引发学生对“旅游经济学”课程的兴趣，通过教师的评析和学生们的相互讨论，提升学生理论联系实践和思考的能力。本项目贯穿课堂学习的始终，如学生自己选择感兴趣的话题，完成资料收集、多媒体课件制作，以及新闻播报。在参与项目的过程中，让学生对旅游行业的各个方面有一个充分全面的了解，然后结合课堂理论知识进行思考，从而实现提升学生视界和思考能力的目的。

二、实训目的

（1）全面了解旅游经济活动中的各种现象、规律和关系，开阔学生视野。

（2）提高对旅游行业的认识，培养学生专业兴趣。

（3）用所学理论知识去解释和说明旅游经济现象。

（4）培养学生经济学思维方式。

（5）提升学生解决实际问题的能力。

（6）培养学生搜集资料、整理资料的能力，提升学生的动手能力、语言总结能力，培养学生团结合作能力和创新能力。

三、主要内容

（1）选题（行业热点问题，最好与经济理论相结合）。

（2）制作多媒体课件（内容包括视频材料、理论分析及结论）。

（3）要求演示时有互动环节，有讨论部分。

（4）报告及答辩用 PPT。

四、项目研究小组的主要分工

（1）每 2 ～ 3 名学生一组，相互协作完成项目所规定的研究内容，内容可以包括但并不限于这些内容。

（2）每个小组要在项目报告中标明每个人在总体工作中的贡献、工作量权重，或者每个人负责的内容。

（3）研究内容的质量会影响到每组的最终成绩，鼓励学生自己在项目框架内选取感兴趣的研究内容进行创新和深入研究。

五、项目进程安排

时间安排：从第 1 周下发任务，学生课下准备。按顺序进行项目汇报展示。

六、基本要求

（1）项目期间，学生必须严格遵守实验室规章制度，坚决杜绝一切可能危及安全的事件发生，同指导教师一起创造一个良好的实训环境。

（2）项目期间，严格考勤。学生必须按时参加项目研究，不准无故缺席、早退。在实训中违反实验室规章制度的学生，将暂停或取消实训资格。在项目研究中对表现突出的学生给予奖励，并记入考核成绩。

（3）做好项目研究总结，撰写报告。

七、考核方式

项目执行期间，严格考勤。学生必须按时参加项目研究，不准无故缺席、早退。在项目研究中对表现突出的学生给予奖励，并记入考核成绩。

所有参加答辩的学生必须着正装，答辩时于台前站立汇报。

每位学生的三级项目成绩由小组成绩和组内成绩两部分构成。

小组成绩由以下两个方面进行评价：

（1）项目研究报告，占项目成绩的 40%。

（2）答辩成绩，占项目成绩的 60%。

小组得分为组内所有学生的平均分，每位学生的得分依据其在组内的贡献，在小组平均分的基础上浮动，但最高分与最低分差值不得小于 15%。组内得分由各小组成员自行讨论确定，签字后由小组组长上报。

评分标准（100 分制）

内容：选题新颖，与旅游经济联系紧密（最高 30 分）。

点评：语言生动，能准确运用（旅游）经济学的原理来进行分析（最高 50 分）。

形式：课件制作完美，图文并茂，制作者能密切配合（最高 20 分）。

具体评分规则见下表。

“旅游经济学”课程成绩评分原则

序号	评定条目	评定标准	备注
1	出勤成绩（包含课程、项目）（10 分）	（1）全勤：10 分 （2）缺勤 1 次，扣 2 分 （3）无故旷课 5 次以上，取消本次课程成绩	
2	讨论课成绩（两次，每次 10 分共 20 分）	讨论小组成绩由三部分构成： （1）资料的查阅整理及 PPT 制作质量，占讨论课成绩的 30%，满分 3 分 （2）PPT 讲解及回答问题情况，占讨论课成绩的 40%，满分 4 分 （3）提问交流情况，占讨论课成绩的 30%，满分 3 分	
3	课程研究项目（20 分）	项目小组成绩由两部分组成： （1）企业运营及相关报告的撰写，占 40%，满分 8 分 （2）考核、演讲答辩及比赛，占 60%，满分 12 分	
4	笔试成绩（50 分）	依据卷面的实际得分计算	

注：上述各个环节，个人的表现将会直接影响全组成绩。

八、研究项目报告

1. 封面

封面设计应美观大方，且至少包含以下内容：

项目名称；姓名；指导教师；日期。

2. 摘要

摘要应简明、确切地记述报告的重要内容，150 字左右，摘要后应注明

3～5个关键词。

3. 前言

前言简要说明项目研究报告的目的和范围，介绍相关领域所做的工作和研究的概况、研究报告的意图、预期的结果及项目组分工。

4. 研究报告正文

研究报告正文包括介绍相关项目开展的研究内容的基本原理、所采用的研究方法及相关工具；详细说明项目的方案设计；给出研究结果并讨论等。主要提纲如下：

（1）选题。

（2）新闻概况。

（3）分析（结合理论）。

（4）本组视点。

5. 结论

简要总结项目的主要工作、主要结果、心得感受、主要发现，以及下一步应当开展的主要工作等。

注意：

（1）报告总字数要求2000字以上，字迹工整，图文规范。

（2）每个课程小组都要交单独的项目报告。

（3）各组报告所选取内容要独立完成，若严重雷同，将会严重影响成绩；同时各个小组成员也要有明确的分工和合作。

（4）要在汇报的前一天前提交研究报告电子版和纸质文档。

九、参考资料的来源

通过校园网在学校订阅的电子资料库中可以搜索到大量的相关参考资料，学生们也可到学校的图书馆查找纸质期刊资料。

十、严禁剽窃抄袭行为

发现有剽窃抄袭行为的，研究项目成绩为零。

剽窃抄袭行为主要指：

（1）从参考资料中引用有关思想或结果，但没有在报告中指明该思想或结果的出处并且没有与自己的思想或研究结果进行清晰的区分。

（2）直接拷贝别人的研究结果当作自己的研究结果。

“现代服务业管理”课程三级项目实施方案

现代服务业企业创立与运营

×× 年秋季学期

（起止时间：第 ×× 周～第 ×× 周）

×× 年 ×× 月

一、项目概览

该课程研究项目模拟创立运营经营现代服务业企业，把该模拟企业运营的关键环节：企业创立、战略规划、资金筹集、市场营销、信息化管理等设为模拟课程的主体内容，把服务企业运营所处的内外环境抽象为一系列的规则。由学生组成各类现代服务企业（物流、金融、文化创意、会展、信息服务、咨询）进行竞争与合作。通过模拟使学生具体分析市场、制作战略、营销、财务管理等一系列活动，学生能够更加深入地理解服务企业的功能，并能将所学的管理知识应用于实际，提高综合应用已有知识解决实际问题的能力，培养学生的企业经营管理的全局观。

二、实训目的

（1）深入理解现代服务业是企业内部功能的外在化。
（2）理解现代服务企业成功运营的关键因素。
（3）掌握各类现代服务企业创立条件及流程。
（4）掌握战略、营销、财务、物流以及团队管理相关知识。
（5）培养学生经营意识与规划能力。
（6）培养学生的风险与责任意识。
（7）培养沟通协作能力、项目组织与管理能力、交流表达能力。

三、主要内容

（1）现代服务业企业类型的选取（最好从教材中涉及的行业选取）。
（2）选取的现代服务企业创立需要的条件。
（3）经济环境的设定。
（4）选取一个企业运营项目（可与其他各组的企业合作）。
（5）项目报告及答辩用 PPT。

四、项目研究小组的主要分工

（1）每 5 ～ 6 名学生一组，相互协作完成项目所规定的研究内容，内容可以包括但并不限于这些内容。

（2）每个小组要在项目报告中标明每个人在总体工作中的贡献、工作量权重，或者每个人负责的内容。

（3）研究内容的质量会影响到每组的最终成绩，鼓励学生自己在项目框架内选取感兴趣的研究内容进行创新和深入研究。

五、项目进程安排

时间安排：从第 12 周下发任务，学生课下准备。第 13 ～ 14 周开始进行项目汇报展示。

项目实训内容及时间安排见下表。

项目实训内容及时间安排

所属课程	时间安排	主要内容	备注
现代服务业管理	第 1、2 学时	选取某一类现代服务企业创立并公示	
	第 3、4 学时	根据情景设定运营项目	
	第 5、6 学时	项目汇报答辩	

六、基本要求

（1）项目期间，学生必须严格遵守实验室规章制度，坚决杜绝一切可能危及安全的事件发生，同指导教师一起创造一个良好的实训环境。

（2）项目期间，严格考勤。学生必须按时参加项目研究，不准无故缺席、早退。在实训中违反实验室规章制度的学生，将暂停或取消实训资格。在项目研究中对表现突出的学生给予奖励，并记入考核成绩。

（3）做好项目研究总结，撰写报告。

七、考核方式

项目执行期间，严格考勤。学生必须按时参加项目研究，不准无故缺席、早退。在项目研究中对表现突出的学生给予奖励，并记入考核成绩。

所有参加答辩的学生必须着正装，答辩时于台前站立汇报。

每位学生的三级项目成绩由小组成绩和组内成绩两部分构成。

小组成绩由以下两个方面进行评价：

（1）项目研究报告，占项目成绩的 40%。

（2）答辩成绩，占项目成绩的 60%。

小组得分为组内所有学生的平均分，每位学生的得分依据其在组内的贡献，在小组平均分的基础上浮动，但最高分与最低分差值不得小于 15%。组内得分由各小组成员自行讨论确定，签字后由小组组长上报。

具体评分规则见下表。

项目小组成绩评定标准

<table>
<tr><th>序号</th><th>评定条目</th><th>评定标准</th><th>备注</th></tr>
<tr><td rowspan="3">1</td><td rowspan="3">项目考核、演讲、答辩（共 12 分）
优秀适当奖励分数</td><td>创立部分：4 分
（1）根据所选取服务企业类型，创立条件、形式符合国家经济法的规定
（2）筹资渠道明确
（3）股份明确</td><td></td></tr>
<tr><td>运营部分：5 分
（1）经济环境设定应该具有合理性
（2）运营流程符合企业特征
（3）项目可行性分析合理</td><td></td></tr>
<tr><td>答辩：3 分
（1）着装、礼仪符合规定
（2）回答有理有据</td><td></td></tr>
<tr><td>2</td><td>项目报告（共 8 分）</td><td>（1）项目选取合理有实际意义（2 分）
（2）报告撰写内容完整、合理（4 分）
（3）报告撰写形式规范（2 分）</td><td></td></tr>
</table>

注：不参加研究项目的学生本门课程记零分。

“现代服务业管理”课程成绩评分原则

序号	评定条目	评定标准	备注
1	出勤成绩（包含课程、项目）（10分）	（1）全勤：10分 （2）缺勤1次，扣2分 （3）无故旷课5次以上，取消本次课程成绩	
2	讨论课成绩（1次，每次10分）	讨论小组成绩由三部分构成： （1）资料的查阅整理及PPT制作质量，占讨论课成绩的30%，满分3分 （2）PPT讲解及回答问题情况，占讨论课成绩的40%，满分4分 （3）提问交流情况，占讨论课成绩的30%，满分3分	
3	课程研究项目（20分）	项目小组成绩由两部分组成： （1）企业运营及相关报告的撰写，占40%，满分8分 （2）考核、演讲答辩及比赛，占60%，满分12分	
4	笔试成绩（60分）	依据卷面的实际得分计算	

注：上述各个环节，个人的表现将会直接影响全组成绩。

八、研究项目报告

1. 封面

封面设计应美观大方，且至少包含以下内容：

项目名称；姓名；指导教师；日期。

2. 摘要

摘要应简明、确切地记述报告的重要内容，150字左右，摘要后应注明3～5个关键词。

3. 前言

前言简要说明项目研究报告的目的和范围，介绍相关领域所做的工作和研究的概况、研究报告的意图、预期的结果及项目组分工。

4. 研究报告正文

研究报告正文包括介绍相关项目开展的研究内容的基本原理、所采用的研究方法及相关工具；详细说明项目的方案设计；给出研究结果并讨论等。

主要提纲如下：

（1）选取的现代服务企业行业（物流、金融、文化创业、会展、信息服务、咨询）。

（2）该企业创立情况（有限责任、股份有限、企业实力、股东情况等）。

（3）经济环境设定（可从竞争环境、经济宏观环境等）。

（4）项目分析（可采用 SWOT、PEST 分析等）。

5. 结论

简要总结项目的主要工作、主要结果、心得感受、主要发现，以及下一步应当开展的主要工作等。

注意：

（1）报告总字数要求 3000 字以上，字迹工整，图文规范。

（2）每个课程小组都要交单独的项目报告。

（3）各组报告所选取内容要独立完成，若严重雷同，将会严重影响成绩；同时各个小组成员也要有明确的分工和合作。

（4）要在汇报的前一天前提交研究报告电子版和纸质文档。

九、参考资料的来源

通过校园网在学校订阅的电子资料库中可以搜索到大量的相关参考资料，学生们也可到学校的图书馆查找纸质期刊资料。

十、严禁剽窃抄袭行为

发现有剽窃抄袭行为的，研究项目成绩为零。

剽窃抄袭行为主要指：

（1）从参考资料中引用有关思想或结果，但没有在报告中指明该思想或结果的出处并且没有与自己的思想或研究结果进行清晰的区分。

（2）直接拷贝别人的研究结果当作自己的研究结果。

“现代饭店经营管理”课程三级项目实施方案

星级饭店运营调研报告

××年秋季学期

（起止时间：第××周～第××周）

××年××月

一、项目概览

学生根据自己的兴趣自由分组，组成不同类型旅游星级饭店调研小组，成员严格分工，对饭店各方面进行调研，模拟参与整个旅游星级饭店的创建及运营整个过程。通过让学生深入调研旅游星级饭店，使学生了解旅游星级饭店各运营主要环节，掌握公司创建及运营的相关要素。初步培养学生的管理思维及服务意识，提高理论联系实际的能力，增强学生的创新思维和创业能力。

二、实训目的

（1）提高学生自主学习能力。
（2）强化学生的专业思维。
（3）掌握旅游星级饭店创建及流程。
（4）培养学生经营意识与规划能力。
（5）培养学生的风险与责任意识。
（6）培养沟通协作能力、项目组织与管理能力、交流表达能力。
（7）拓宽知识面，学习相关专业理论知识。

三、主要内容

（1）旅游星级饭店类型的选取（为调研方便，最好从秦皇岛旅游星级饭店类型选取）。
（2）分析某旅游星级饭店总体运营状况。
（3）内外部经济环境的分析。
（4）对旅游星级饭店运营项目进行研究，提出问题及改进建议。
（5）项目报告及答辩用 PPT。

四、项目研究小组的主要分工

（1）按照班级分组。每组内又可以分为若干小组，每 5 ～ 6 名学生为一小组，相互协作完成项目所规定的研究内容，内容可以包括但并不限于这些内容。

（2）每个小组要在项目报告中标明每个人在总体工作中的贡献、工作量权重，或者每小组负责的内容。

（3）研究内容的质量会影响到每组的最终成绩，鼓励学生自己在项目框架内选取感兴趣的研究内容进行创新和深入研究。

五、项目进程安排

时间安排：第六章“旅游饭店建筑与设备管理”课程结束后下发任务，学生课下准备，调研及撰写报告不占用上课时间。课程最后一周陆续开始进行项目汇报展示。

项目题目下发后，各小组应积极开展资料搜集、查阅、整理等前期工作，完成旅游星级饭店运营调研报告。项目实训内容及时间安排如下表。

项目实训内容及时间安排

所属课程	时间安排	主要内容	备注
现代饭店经营管理	第 1、2 学时	旅游星级饭店的选取，项目可行性分析。组织组员进行现场调研	
	第 3 学时	内外部经济环境的分析，对旅游星级饭店运营项目进行研究，提出问题及改进建议	
	第 4 学时	项目汇报答辩	

六、考核方式

项目的要求和成绩评定。

项目执行期间，严格考勤。学生必须按时参加项目研究，不准无故缺席、早退。在项目研究中对表现突出的学生给予奖励，并记入考核成绩。

所有参加答辩的学生必须着正装，答辩时于台前站立汇报。

每位学生的项目成绩由小组成绩和组内成绩两部分构成。

小组成绩由以下两个方面进行评价：

（1）项目研究报告，占项目成绩的 40%。

（2）答辩成绩，占项目成绩的 60%。

小组得分为组内所有学生的平均分，每位学生的得分依据其在组内的贡献，在小组平均分的基础上浮动，但最高分与最低分差值不得小于15%。组内得分由各小组成员自行讨论确定，签字后由小组组长上报。

七、研究项目报告

1. 封面

封面设计应美观大方，且至少包含以下内容：

项目名称；姓名；指导教师；日期。

2. 摘要

摘要应简明、确切地记述报告的重要内容，150字左右，摘要后应注明3～5个关键词。

3. 前言

前言简要说明项目研究报告的目的和范围，介绍相关领域所做的工作和研究的概况、研究报告的意图、预期的结果及项目组分工。

4. 研究报告正文

研究报告正文包括介绍相关项目开展的研究内容的基本原理、所采用的研究方法及相关工具；详细说明项目的方案设计；给出研究结果并讨论等。主要提纲如下：

（1）选取的旅游饭店。

（2）该饭店创立情况（有限责任、股份有限、企业实力、股东情况等）。

（3）经济环境设定（可从竞争环境、经济宏观环境等）。

（4）项目分析（可采用SWOT、PEST分析等）。

5. 结论

简要总结项目的主要工作、主要结果、心得感受、主要发现，以及下一步应当开展的主要工作等。

注意：

（1）报告总字数要求3000字以上，字迹工整，图文规范。

（2）每个课程小组都要交单独的项目报告。

（3）各组报告所选取内容要独立完成，若严重雷同，将会严重影响成绩；同时各个小组成员也要有明确的分工和合作。

（4）要在汇报的前一天前提交研究报告电子版和纸质文档。

八、参考资料的来源

通过校园网在学校订阅的电子资料库中可以搜索到大量的相关参考资料，学生们也可到学校的图书馆查找纸质期刊资料。

九、严禁剽窃抄袭行为

发现有剽窃抄袭行为的，研究项目成绩为零。

剽窃抄袭行为主要指：

（1）从参考资料中引用有关思想或结果，但没有在报告中指明该思想或结果的出处并且没有与自己的思想或研究结果进行清晰的区分。

（2）直接拷贝别人的研究结果当作自己的研究结果。

“商务统计学”课程三级项目实施方案

项目报告、研讨与汇报

××年春季学期

（起止时间：第××周～第××周）

××年××月

一、项目概览

该课程研究项目要求学生根据商务统计学所学习的数据收集、整理、分析等过程运用于社会实践中的经济管理方面的问题。学生将组成课题小组，调研诸如某种产品或服务的市场需求；某种现象、政策的社会反响；对社会新事物的态度；其他感兴趣的经济管理方面的问题为研究对象，通过小组讨论形成完整的调研方案，调查获得第一手数据，对数据进行审核、整理，选用研究方法，利用 Excel 和 SPSS 等统计软件进行分析，最后形成规范的数据分析调查报告，进行最后展示。通过调研、分析的过程使学生系统掌握商务统计工具的作用，培养学生利用所学知识科学阐述和解决实际问题的能力，同时培养学生团队合作、系统思维能力。

二、实训目的

（1）深入理解调研方案的确定过程。

（2）掌握调研问卷的基本构成和设计技巧。

（3）掌握数据整理、统计分析应用的技巧。

（4）熟练掌握 Excel/SPSS 软件工具的应用。

（5）培养学生系统思维和科学分析的能力。

（6）培养学生责任意识与团队意识。

（7）培养学生沟通协作能力、项目组织与管理、交流表达能力。

三、主要内容

（1）确定研究课题。

建议选择某种产品或服务的市场需求；某种现象、政策的社会反响；对社会新事物的态度；其他感兴趣的经济管理方面的问题作为研究课题。

（2）确定调研方案。

小组讨论确定调研方案，包含调研目的、调研时间、调研方式、调研地点、样本数量确定、调研问卷的最后确定。

（3）调研与数据整理。

获得调研数据，并对调研数据进行审核、整理、分类。

（4）调研数据分析。

讨论确定调研数据的分析方案，使用统计软件进行数据分析，得出分析结果说明原因。

（5）项目报告及答辩。

完成项目报告，使用 PPT 进行课堂讲解与答辩。

四、项目研究小组的主要分工

（1）每 5 ～ 6 名学生一组，相互协作完成项目所规定的研究内容，内容可以包括但并不限于这些内容。

（2）每个小组要在项目报告中标明每个人在总体工作中的贡献、工作量权重，或者每个人负责的内容。

（3）研究内容的质量会影响到每组的最终成绩，鼓励学生自己在项目框架内选取感兴趣的研究内容进行创新和深入研究。

五、项目进程安排

时间安排：从第 8 周下发任务，学生课下准备。第 10 ～ 11 周开始进行项目研究直至汇报展示。项目实训内容及时间安排见下表。

项目实训内容及时间安排

所属课程	时间安排	主要内容	备注
商务统计学	第 1、2 学时	确定课题、讨论确定调研方案和调研问卷	
	第 3、4 学时	讨论确定调研数据分析方案并实施（调研过程业余时间进行）	
	第 5、6 学时	项目汇报答辩	

六、基本要求

（1）项目期间，学生必须严格遵守实验室规章制度，坚决杜绝一切可能危及安全的事件发生，同指导教师一起创造一个良好的实训环境。

（2）项目期间，严格考勤。学生必须按时参加项目研究，不准无故缺席、早退。在实训中违反实验室规章制度的学生，将暂停或取消实训资格。在项目研究中对表现突出的学生给予奖励，并记入考核成绩。

（3）做好项目研究总结，撰写报告。

七、考核方式

项目执行期间，严格考勤。学生必须按时参加项目研究，不准无故缺席、早退。在项目研究中对表现突出的学生给予奖励，并记入考核成绩。

所有参加答辩的学生必须着正装，答辩时于台前站立汇报。

每位学生的三级项目成绩由小组成绩和组内成绩两部分构成。

小组成绩由以下两个方面进行评价：

（1）项目研究报告，占项目成绩的 40%。

（2）答辩成绩，占项目成绩的 60%。

小组得分为组内所有学生的平均分，每位学生的得分依据其在组内的贡献，在小组平均分的基础上浮动，但最高分与最低分差值不得小于 15%。组内得分定由各小组成员自行讨论确定，签字后由小组组长上报。

具体评分规则见下表。

项目小组成绩评定标准

序号	评定条目	评定标准	备注
1	项目考核、演讲、答辩（共 12 分）优秀适当奖励分数	选题与调研方案设计：4 分 （1）选题意义重要 （2）调研方案的完整性与可行性 （3）调研问卷的科学性	
		数据整理与分析：5 分 （1）数据描述的科学性与美观性 （2）数据分析方法的正确性 （3）研究的深度	
		答辩：3 分 （1）着装、礼仪符合规定 （2）PPT 的效果 （3）答辩问题的清晰程度	

（续表）

序号	评定条目	评定标准	备注
2	项目报告（共 8 分）	（1）项目选取合理有实际意义（2 分） （2）报告撰写内容完整、合理（4 分） （3）报告撰写形式规范（2 分）	

注：不参加研究项目的学生本门课程记零分。

“商务统计学”课程成绩评分原则

序号	评定条目	评定标准	备注
1	出勤成绩（包含课程、项目共 10 分）	（1）缺勤 1 次，扣 2 分 （2）无故旷课 3 次以上，取消本次课程成绩	
2	实验课成绩（四次，每次 5 分，共 20 分）	成绩由三部分构成： （1）题目分析方案的确定，占 20%，1 分 （2）结果阐释的准确性，占 40%，2 分 （3）实验报告的完整性，占 40%，2 分	
3	课程研究项目（20 分）	项目小组成绩由两部分组成： （1）项目分析报告的撰写，占 40%，满分 8 分 （2）考核、演讲答辩及比赛，占 60%，满分 12 分	
4	笔试成绩（50 分）	依据卷面的实际得分计算	

注：上述各个环节，个人的表现将会直接影响全组成绩。

八、研究项目报告

1. 封面

封面设计应美观大方，且至少包含以下内容：

项目名称；姓名；指导教师；日期。

2. 摘要

摘要应简明、确切地记述报告的重要内容，150 字左右，摘要后应注明 3 ～ 5 个关键词。

3. 前言

前言简要说明项目研究报告的目的和范围，介绍相关领域所做的工作和研究的概况、研究报告的意图、预期的结果及项目组分工。

4. 研究报告正文

研究报告正文包括介绍相关项目开展的研究内容的基本原理、所采用的研究方法及相关工具；详细说明项目的方案设计；给出研究结果并讨论等。主要提纲如下：

（1）课题意义与基本情况介绍。

（2）调研过程与分工。

（3）调研基本内容。

（4）统计分析过程。

5. 结论

简要总结项目的主要工作、主要结果、心得感受、主要发现，以及下一步应当开展的主要工作等。

注意：

（1）报告总字数要求 4000 字以上，字迹工整，图文规范。

（2）每个课程小组都要交单独的项目报告。

（3）各组报告所选取内容要独立完成，若严重雷同，将会严重影响成绩；同时各个小组成员也要有明确的分工和合作。

（4）要在汇报的前一天前提交研究报告电子版和纸质文档。

九、参考资料的来源

通过校园网在学校订阅的电子资料库中可以搜索到大量的相关参考资料，学生们也可到学校的图书馆查找纸质期刊资料。

十、严禁剽窃抄袭行为

发现有剽窃抄袭行为的，研究项目成绩为零。

剽窃抄袭行为主要指：

（1）从参考资料中引用有关思想或结果，但没有在报告中指明该思想或结果的出处并且没有与自己的思想或研究结果进行清晰的区分。

（2）直接拷贝别人的研究结果当作自己的研究结果。

“客源国文化概论”课程三级项目实施方案

项目报告、研讨与汇报

×× 年春季学期

（起止时间：第 ×× 周～第 ×× 周）

×× 年 ×× 月

一、项目概览

该课程研究项目要求学生根据项目题目，理论联系实际，通过中英文数据收集、整理、分析等，总结文化冲突带来的旅游者不满意问题，并提出创新性的策略。学生将组成课题小组，调研中美、中英文化差异，韩国文化及出行特点分析，东南亚游客中国目的地形象重建策略等，最后形成规范的调查报告，进行最后展示。通过调研、分析、总结的过程使学生系统掌握客源国文化的相关理论，培养学生利用所学知识科学阐述和解决实际问题的能力，同时培养学生团队合作、系统思维能力。

二、实训目的

通过本课程的理论教学和项目，使学生具备下列能力：

（1）能对我国主要客源国的政治、经济、文化、民俗、旅游业，以及地理、人文概况等方面有一个全面的认识和了解。

（2）能熟练地查阅、翻译中英文相关的文献资料，并能用双语较好地表达出来。

（3）能利用信息资料去发现分析问题和阐述发表自己的观点。

（4）能熟练使用多媒体技术。

（5）能够在团队中做好自己承担的角色，并能与其他成员协同合作。

三、项目名称及主要内容

本学期的课程研究项目名称："国际游客在华不满意度调研"，学生需要在本项目中进行英文大数据的搜索和总结，并提出中国目的地形象提升策略。学生要按照下列步骤完成本项目：

（1）国内外主流媒体中国旅游不满意度调查。

（2）国外社交媒体文章总结。

（3）不满意因素分析。

（4）提升满意度文化策略。

（5）项目报告及答辩（包括实物展示、报告、PPT 或视频展示及真实情节模拟等）。

四、项目研究小组的主要分工

（1）每 4 ～ 6 名学生一组，主要选取主要客源国 ×× 国（英文版资料）。小组成员要求分工合作搜集资料、讨论思路和整理文字。在完成项目所规定的必要研究内容的基础上，各小组要有自我的创新点和新颖点。

（2）每个小组要在项目报告中标明每个人在总体工作中的贡献、工作量权重，或者每个人负责的内容，要求每 2 周汇报讨论内容和总结材料，在导师的指导下，最终总结小组报告。

（3）研究内容的质量会影响到每组的最终成绩，鼓励学生自己在项目框架内选取感兴趣的研究内容进行创新和深入研究。

五、项目进程安排

时间安排：从第 13 周下发任务，学生课下准备。第 14 周选题，第 19 周进行项目汇报展示，项目实训内容及时间安排见下表。

项目实训内容及时间安排

所属课程	时间安排	主要内容	备注
客源国文化概论	第 14 周每次课上 20 分钟，2 次	项目选择公示，探讨项目的合理性，讨论实施方案	
	第 31、32 学时	项目汇报答辩	

六、基本要求

（1）项目期间，学生必须严格遵守项目的要求，严格执行项目进度，及时与导师联系。

（2）项目期间，严格考勤。学生必须按时参加项目研究、小组讨论，不准无故缺席、早退。在项目中不能出席讨论、答辩和不做出贡献的学生，将暂停或取消项目资格。在项目研究中对表现突出的学生给予奖励，并记入考核成绩。

（3）做好项目研究总结，撰写报告。

七、考核方式

项目执行期间，严格考勤。学生必须按时参加项目研究，不准无故缺席、早退。每次小组讨论要求记录并以视频形式上传网站，在项目研究中对表现突出的学生给予奖励，并记入考核成绩。

所有参加答辩的学生必须着正装，答辩时于台前站立汇报。实际操作与演示可由不同学生进行分工。

每位学生的三级项目成绩由小组成绩和组内成绩两部分构成。

小组成绩由以下两个方面进行评价：

（1）项目小组讨论和阶段性报告成绩，占项目成绩的 40%。

（2）最终成果汇报和答辩成绩，占项目成绩的 60%。

小组得分为组内所有学生的平均分，每位学生的得分依据其在组内的贡献，在小组平均分的基础上浮动，但最高分与最低分差值不得小于 15%。组内得分由各小组成员自行讨论确定，签字后由小组组长上报。

具体评分规则见下表。

项目小组成绩评定标准

序号	评定条目	评定标准	备注
1	项目考核、演讲、演示、答辩（共 15 分）优秀适当奖励分数	选题部分：4 分 选定主要客源国，总结文化特点和在华旅游文化冲突	
		中国目的地形象提升策略：5 分 （1）旅游不满意因素分析 （2）提升策略	
		答辩：6 分 （1）着装、礼仪符合规定 （2）回答有理有据	
2	项目阶段性讨论和总结（共 10 分）	（1）阶段讨论记录（讨论列表及视频）（4 分） （2）讨论报告（6 分）	

注：不参加研究项目的学生本门课程记零分。

八、研究项目报告

1. 封面

封面设计应美观大方，且至少包含以下内容：

项目名称；姓名；指导教师；日期。

2. 摘要

摘要应简明、确切地记述报告的重要内容，150 字左右，摘要后应注明 3 ～ 5 个关键词。

3. 前言

前言简要说明项目研究报告的目的和范围，介绍相关领域所做的工作和研究的概况、研究报告的意图、预期的结果及项目组分工。

4. 研究报告正文

研究报告正文包括介绍相关项目开展的研究内容的基本原理、所采用的研究方法及相关工具；详细说明项目的方案设计；给出研究结果并讨论等。主要提纲如下：

（1）选取主要客源国。

（2）主流媒体对华旅游评价。

（3）社交媒体文章总结。

（4）不满意因素分析。

5. 结论

简要总结项目的主要工作、主要结果、心得感受、主要发现，以及下一步应当开展的主要工作等。

注意：

（1）最终策划报告要求 PPT 不低于 15 页，逻辑清晰、结构合理，展示截图、图形、报表等工整、规范。

（2）每个课程小组都要交阶段性总结和小组成员的单独报告、心得体会。

（3）各组报告所选取内容要独立完成，若严重雷同，将会严重影响成绩；同时各个小组成员也要有明确的分工和合作。

（4）要在汇报的前一天前提交研究报告电子版和纸质文档。

九、参考资料的来源

通过校园网在学校订阅的电子资料库中可以搜索到大量的相关参考资料，学生们也可到学校的图书馆查找纸质期刊资料。

十、严禁剽窃抄袭行为

发现有剽窃抄袭行为的，研究项目成绩为零。

剽窃抄袭行为主要指：

（1）从参考资料中引用有关思想或结果，但没有在报告中指明该思想或结果的出处并且没有与自己的思想或研究结果进行清晰的区分。

（2）直接拷贝别人的研究结果当作自己的研究结果。

“旅游地理”课程三级项目实施方案

项目报告、研讨与汇报

×× 年春季学期

（起止时间：第 ×× 周～第 ×× 周）

×× 年 ×× 月

一、项目概览

该课程研究项目要求学生根据项目题目，理论联系实际，从地理角度出发分析世界范围内不同区域、不同民族、不同风俗和发展水平的旅游资源开发、旅游企业生命周期探索、区域竞争与合作和旅游交通等具体案例。学生将组成课题小组，进行中英文数据收集、整理、分析等，总结各案例的具体内容，并提出创新性的策略。最后形成规范的调查报告，进行最后展示。通过调研、分析、总结的过程使学生系统掌握旅游地理的相关理论，培养学生利用所学知识科学阐述和解决实际问题的能力，同时培养学生团队合作、系统思维能力。

二、实训目的

通过本课程的理论教学和项目，使学生具备下列能力：

（1）了解旅游地理学的概念及学科性质，学习旅游地理发展历史，以及学科研究方向。

（2）了解旅游资源产生的条件及各类资源的分布规律。

（3）对旅游规划开发、旅游环境容量、旅游资源保护、旅游交通和旅游线路设计有基本的认识和了解。

（4）了解旅游开发对环境、社会和经济的正面和负面影响，理解旅游可持续发展的科学发展观。

（5）概括介绍六大洲主要的旅游区域和旅游线路，使学生能够在本课程有限的时间内了解和把握世界不同地区的旅游地理特点和主要内容。

（6）让学生了解我国旅游资源的主要特征和分布规律，了解我国旅游构成及其变动趋势以及旅游区划等，并让学生掌握我国各旅游区的地理环境概况、旅游资源特征及主要游览区、风景区、风景地等。

三、项目名称及主要内容

本学期的课程研究项目名称：“基于地理学视角的 ×××× 目的地经营管理

研究”，学生需要在本项目中进行英文大数据的搜索和总结，并提出该目的地发展提升策略。学生要按照下列步骤完成本项目：

（1）国内外文献收集。

（2）具体目的地现状分析。

（3）目的地旅游发展问题分析。

（4）目的地发展策略。

（5）项目报告及答辩（包括实物展示、报告、PPT 或视频展示及真实情节模拟等）。

四、项目研究小组的主要分工

（1）每 4 ～ 6 名学生一组，主要选取中英文 ××× 旅游目的地资料。小组成员要求分工合作搜集资料、讨论思路和整理文字。在完成项目所规定的必要研究内容的基础上，各小组要有自我的创新点和新颖点。

（2）每个小组要在项目报告中标明每个人在总体工作中的贡献、工作量权重，或者每个人负责的内容，要求每 2 周汇报讨论内容和总结材料，在导师的指导下，最终总结小组报告。

（3）研究内容的质量会影响到每组的最终成绩，鼓励学生自己在项目框架内选取感兴趣的研究内容进行创新和深入研究。

五、项目进程安排

时间安排：从第 3 周下发任务，学生课下准备。第 3 周选题，第 6 周进行项目汇报展示，项目实训内容及时间安排见下表。

项目实训内容及时间安排

所属课程	时间安排	主要内容	备注
旅游地理	第 3 周每次课上 20 分钟，2 次	项目选择公示，探讨项目的合理性，讨论实施方案	
	第 29 ～ 32 学时	项目汇报答辩	

六、基本要求

（1）项目期间，学生必须严格遵守项目的要求，严格执行项目进度，及时与导师联系。

（2）项目期间，严格考勤。学生必须按时参加项目研究、小组讨论，不准无故缺席、早退。在项目中不能出席讨论、答辩和不做出贡献的学生，将暂停或取消项目资格。在项目研究中对表现突出的学生给予奖励，并记入考核成绩。

（3）做好项目研究总结，撰写报告。

七、考核方式

项目执行期间，严格考勤。学生必须按时参加项目研究，不准无故缺席、早退。每次小组讨论要求记录并以视频形式上传网站，在项目研究中对表现突出的学生给予奖励，并记入考核成绩。

所有参加答辩的学生必须着正装，答辩时于台前站立汇报。实际操作与演示可由不同学生进行分工。

每位学生的三级项目成绩由小组成绩和组内成绩两部分构成。

小组成绩由以下两个方面进行评价：

（1）项目小组讨论和阶段性报告成绩，占项目成绩的 40%；

（2）最终成果汇报和答辩成绩，占项目成绩的 60%；

小组得分为组内所有学生的平均分，每位学生的得分依据其在组内的贡献，在小组平均分的基础上浮动，但最高分与最低分差值不得小于 15%。组内得分由各小组成员自行讨论确定，签字后由小组组长上报。

具体评分规则见下表。

项目小组成绩评定标准

序号	评定条目	评定标准	备注
1	项目考核、演讲、演示、答辩（共 15 分）优秀适当奖励分数	选题部分：4 分 选定研究的 ××× 旅游目的地	
		旅游目的地发展策略：5 分 （1）地理视角的旅游目的发展问题 （2）提升策略	
		答辩：6 分 （1）着装、礼仪符合规定 （2）回答有理有据	
2	项目阶段性讨论和总结（共 10 分）	（1）阶段讨论记录（讨论列表及视频）（4 分） （2）讨论报告（6 分）	

注：不参加研究项目的学生本门课程记零分。

八、研究项目报告

1. 封面

封面设计应美观大方，且至少包含以下内容：

项目名称；姓名；指导教师；日期。

2. 摘要

摘要应简明、确切地记述报告的重要内容，150 字左右，摘要后应注明 3 ～ 5 个关键词。

3. 前言

前言简要说明项目研究报告的目的和范围，介绍相关领域所做的工作和研究的概况、研究报告的意图、预期的结果及项目组分工。

4. 研究报告正文

研究报告正文包括介绍相关项目开展的研究内容的基本原理、所采用的研究方法及相关工具；详细说明项目的方案设计；给出研究结果并讨论等。主要提纲如下：

（1）选取主要旅游目的地。

（2）××× 旅游目的地旅游发展现状评价。

（3）××× 旅游目的地旅游发展问题。

（4）提升 ××× 旅游目的地策略。

5. 结论

简要总结项目的主要工作、主要结果、心得感受、主要发现，以及下一步应当开展的主要工作等。

注意：

（1）最终策划报告要求 PPT 不低于 15 页，逻辑清晰、结构合理，展示截图、图形、报表等工整、规范。

（2）每个课程小组都要交阶段性总结和小组成员的单独报告、心得体会。

（3）各组报告所选取内容要独立完成，若严重雷同，将会严重影响成绩；同时各个小组成员也要有明确的分工和合作。

（4）要在汇报的前一天前提交研究报告电子版和纸质文档。

九、参考资料的来源

通过校园网在学校订阅的电子资料库中可以搜索到大量的相关参考资料，学生们也可到学校的图书馆查找纸质期刊资料。

十、严禁剽窃抄袭行为

发现有剽窃抄袭行为的，研究项目成绩为零。

剽窃抄袭行为主要指：

（1）从参考资料中引用有关思想或结果，但没有在报告中指明该思想或结果的出处并且没有与自己的思想或研究结果进行清晰的区分。

（2）直接拷贝别人的研究结果当作自己的研究结果。

“旅游规划与开发”课程三级项目实施方案

项目报告、研讨与汇报

×× 年春季学期

（起止时间：第 ×× 周～第 ×× 周）

×× 年 ×× 月

一、项目概览

该课程研究项目要求学生根据自己的兴趣自由分组，组成旅游规划课题组，担当不同管理角色，模拟参与旅游地规划整个过程。通过让学生模拟编制旅游地规划，使学生了解旅游地规划编制的各主要环节，掌握旅游地规划的相关内容。完成项目报告，使用 PPT 进行课堂讲解与答辩。初步培养学生的自主学习能力，同时培养学生的查阅资料能力、创新能力等，引导学生积极思考、主动学习，锻炼和提高学生的沟通、表达能力、团队合作及系统学习能力。

二、实训目的

（1）深入理解规划的编制程序。

（2）掌握旅游地规划编制的各主要环节。

（3）掌握旅游资源分析与评价的技巧。

（4）熟练掌握市场分析结论的应用。

（5）能够进行旅游形象策划、旅游产品设计和功能分区。

（6）培养学生系统思维和科学分析的逻辑。

（7）培养学生沟通协作能力、项目组织与管理能力、交流表达能力。

三、主要内容

（1）确定研究旅游目的。

建议选择学生比较熟悉的旅游目的地，或者旅游资源比较丰富的旅游目的地，注意旅游目的地的范围作为研究课题。

（2）确定规划文本结构。

小组讨论确定规划文本结构及分工，根据规划编制的程序和各主要环节确定规划的结构和相关内容。

（3）规划的结构和相关内容。

获得旅游目的地的相关资料和数据，并进行审核、整理、分类。

（4）旅游目的地形象策划、旅游产品设计和功能分区。

讨论确定旅游目的地形象策划、旅游产品设计和功能分区，并阐述结果和理由。

（5）项目报告及答辩。

完成项目报告，使用 PPT 进行课堂讲解与答辩。

四、项目研究小组的主要分工

（1）每 5 ～ 6 名学生一组，相互协作完成项目所规定的研究内容，内容可以包括但并不限于这些内容。

（2）每个小组要在项目报告中标明每个人在总体工作中的贡献、工作量权重，或者每个人负责的内容。

（3）研究内容的质量会影响到每组的最终成绩，鼓励学生自己在项目框架内选取感兴趣的研究内容进行创新和深入研究。

五、项目进程安排

时间安排：从第 3 周下发任务，学生课下准备。第 7 ～ 8 周开始进行项目研究直至汇报展示。

项目实训内容及时间安排见下表。

项目实训内容及时间安排

所属课程	时间安排	主要内容
旅游规划与开发	课外	确定课题、讨论确定方案
	课外	讨论确定规划内容并写作
	第 1 ～ 10 学时	项目汇报答辩

六、基本要求

（1）项目期间，学生必须严格遵守实验室规章制度，坚决杜绝一切可能危及安全的事件发生，同指导教师一起创造一个良好的实训环境。

（2）项目期间，严格考勤。学生必须按时参加项目研究，不准无故缺席、早退。在实训中违反实验室规章制度的学生，将暂停或取消实训资格。在项目研究中对表现突出的学生给予奖励，并记入考核成绩。

（3）做好项目研究总结，撰写报告。

七、考核方式

项目执行期间，严格考勤。学生必须按时参加项目研究，不准无故缺席、早退。在项目研究中对表现突出的学生给予奖励，并记入考核成绩。

所有参加答辩的学生必须着正装，答辩时于台前站立汇报。

每位学生的三级项目成绩由小组成绩和组内成绩两部分构成。

小组成绩由以下两个方面进行评价：

（1）项目研究报告，占项目成绩的 40%。

（2）答辩成绩，占项目成绩的 60%。

小组得分为组内所有学生的平均分，每位学生的得分依据其在组内的贡献，在小组平均分的基础上浮动，但最高分与最低分差值不得小于 15%。组内得分由各小组成员自行讨论确定，签字后由小组组长上报。

具体评分规则见下表。

项目小组成绩评定标准

序号	评定条目	评定标准
1	项目考核、演讲、答辩（12 分） 优秀适当奖励分数	选题与调研方案设计：3 分 （1）旅游目的地选择恰当 （2）规划方案的完整性与可行性 （3）规划分工的合理性
		旅游规划整理与分析：5 分 （1）现状分析的科学性 （2）策划的新颖性 （3）规划的深度
		答辩：4 分 （1）着装、礼仪符合规定 （2）PPT 的效果 （3）答辩问题的清晰程度
2	项目报告（8 分）	（1）旅游目的地选取恰当（2 分） （2）报告撰写内容完整、合理（4 分） （3）报告撰写形式规范（2 分）

注：不参加研究项目的学生本门课程记零分。

课程总成绩评分原则

序号	评定条目	评定标准
1	出勤成绩（5 分，含课程、项目）	（1）缺勤 1 次，扣 1 分 （2）无故旷课 3 次以上，取消本课程成绩
2	讨论课（10 分）	积极发言，思考深刻，表达清晰，讨论内容合理
3	实验成绩（15 分、4 次，每次 3.75 分）	成绩由三部分构成： （1）题目分析方案的确定，占 20%，0.75 分 （2）结果阐释的准确性占，40%，1.5 分 （3）实验报告的完整性占，40%，1.5 分
4	三级项目（20 分）	项目小组成绩由两部分组成： （1）项目分析报告的撰写，占 40%，满分 8 分 （2）考核、演讲答辩及比赛，占 60%，满分 12 分
5	笔试成绩（50 分）	依据卷面的实际得分计算

注：上述各个环节，个人的表现将会直接影响全组成绩。

八、研究项目报告

1. 封面

封面设计应美观大方，且至少包含以下内容：

项目名称；姓名；指导教师；日期。

2. 摘要

摘要应简明、确切地记述报告的重要内容，150 字左右，摘要后应注明 3 ～ 5 个关键词。

3. 前言

前言简要说明项目研究报告的目的和范围，介绍相关领域所做的工作和研究的概况、研究报告的意图、预期的结果及项目组分工。

4. 研究报告正文

研究报告正文包括介绍相关项目开展的研究内容的基本原理、所采用的研究方法及相关工具；详细说明项目的方案设计；给出研究结果并讨论等。主要提纲如下：

（1）课题意义与基本情况介绍。

（2）确定规划过程与分工。

（3）规划各项内容分工及收集资料。

（4）规划基本内容分工与写作。

5. 结论

规划文本和汇报用 PPT 等。

注意：

（1）报告总字数要求 4000 字以上，字迹工整，图文规范。

（2）每个课程小组都要交单独的项目报告。

（3）各组报告所选取内容要独立完成，若严重雷同，将会严重影响成绩；同时各个小组成员也要有明确的分工和合作。

（4）要在汇报的前一天之前提交研究报告电子版和纸质文档。

九、参考资料的来源

通过校园网在学校订阅的电子资料库中可以搜索到大量的相关参考资料，学生们也可到学校的图书馆查找纸质期刊资料。

十、严禁剽窃抄袭行为

发现有剽窃抄袭行为的，研究项目成绩为零。

剽窃抄袭行为主要指：

（1）从参考资料中引用有关思想或结果，但没有在报告中指明该思想或结果的出处并且没有与自己的思想或研究结果进行清晰的区分。

（2）直接拷贝别人的研究结果当作自己的研究结果。

“会展策划与管理”课程三级项目实施方案

项目报告、研讨与汇报

××年秋季学期

（起止时间：第××周～第××周）

××年××月

一、项目概览

该课程研究项目要求学生根据虚拟实践题目，理论联系实际，模拟现实会展策划，进行数据收集、整理、分析等，解决现实会展策划相类似问题。学生将组成课题小组，调研诸如某会展产品或服务的市场需求、某国家会展发展动态，以及其他感兴趣的会展管理与策划的问题为研究对象，通过小组讨论形成完整的调研方案、业界动态报告、策划方案，最后形成规范的调查报告，进行最后展示。通过调研、分析、策划的过程使学生系统掌握会展管理与策划的相关理论和实践策划、报告撰写等，培养学生利用所学知识科学阐述和解决实际问题的能力，同时培养学生团队合作、系统思维能力。

二、实训目的

（1）了解和掌握会展企业在新的经济环境和技术环境下的发展情况。
（2）了解和认知国内外知名会展企业成功运营的关键因素。
（3）掌握国际一流会展企业管理经验。
（4）掌握会展管理和策划的相关知识并在虚拟的环境下演练。
（5）培养学生的创新、创业与责任意识。
（6）培养学生管理意识和策划能力。
（7）培养沟通协作能力、项目组织与管理能力、交流表达能力。
（8）培养学生自主学习、团队讨论和实践创新的能力。

三、项目名称及主要内容

本学期的课程研究项目名称：“虚拟 ××× 会展策划与制作”，学生需要在本项目中虚拟一个完整的会展策划与管理方案。学生要按照下列步骤完成本项目：

（1）国内外会展企业的选取。
（2）选定会展企业的发展动态。
（3）虚拟策划 ×× 会展活动。

（4）产品项目的策划与管理。

（5）项目报告及答辩（包括实物展示、报告、PPT 或视频展示及真实情节模拟等）。

四、项目研究小组的主要分工

（1）每 4 ～ 6 名学生一组，主要选取跨国会展企业（英文版资料）。小组成员要求分工合作搜集资料、讨论思路和整理文字。在完成项目所规定的必要研究内容的基础上，各小组要有自我的创新点和新颖点。

（2）每个小组要在项目报告中标明每个人在总体工作中的贡献、工作量权重，或者每个人负责的内容，要求每 2 周汇报讨论内容和总结材料，在导师的指导下，最终总结小组报告。

（3）研究内容的质量会影响到每组的最终成绩，鼓励学生自己在项目框架内选取感兴趣的研究内容进行创新和深入研究。

五、项目进程安排

时间安排：从第 13 周下发任务，学生课下准备。第 14 周选题，第 19 周进行项目汇报展示，项目实训内容及时间安排见下表。

项目实训内容及时间安排

所属课程	时间安排	主要内容	备注
会展策划与管理	第 14 周每次课上 20 分钟，2 次	会展策划与管理项目选择公示，探讨项目的合理性，讨论实施方案	
	第 31、32 学时	项目汇报答辩	

六、基本要求

（1）项目期间，学生必须严格遵守项目的要求，严格执行项目进度，及时与导师联系。

（2）项目期间，严格考勤。学生必须按时参加项目研究、小组讨论，不准无故缺席、早退。在项目中不能出席讨论、答辩和不做出贡献的学生，将暂停或取消项目资格。在项目研究中对表现突出的学生给予奖励，并记入考核成绩。

（3）做好项目研究总结，撰写报告。

七、考核方式

项目执行期间，严格考勤。学生必须按时参加项目研究，不准无故缺席、早退。每次小组讨论要求记录并以视频形式上传网站，在项目研究中对表现突出的学生给予奖励，并记入考核成绩。

所有参加答辩的学生必须着正装，答辩时于台前站立汇报。实际操作与演示可由不同学生进行分工。

每位学生的三级项目成绩由小组成绩和组内成绩两部分构成。

小组成绩由以下两个方面进行评价：

（1）项目小组讨论和阶段性报告成绩，占项目成绩的40%。

（2）最终成果汇报和答辩成绩，占项目成绩的60%。

小组得分为组内所有学生的平均分，每位学生的得分依据其在组内的贡献，在小组平均分的基础上浮动，但最高分与最低分差值不得小于15%。组内得分由各小组成员自行讨论确定，签字后由小组组长上报。

具体评分规则见下表。

项目小组成绩评定标准

<table>
<tr><th>序号</th><th>评定条目</th><th>评定标准</th><th>备注</th></tr>
<tr><td rowspan="3">1</td><td rowspan="3">项目考核、演讲、演示、答辩
（共15分）
优秀适当奖励分数</td><td>选题部分：4分
选定会展企业，总结其发展、运营及管理和成功会展经验</td><td></td></tr>
<tr><td>虚拟会展策划部分：5分
（1）虚拟某某会展，进行可行性分析
（2）策划会展各个环节
（3）合理化并创新虚拟会展</td><td></td></tr>
<tr><td>答辩：6分
（1）着装、礼仪符合规定
（2）回答有理有据</td><td></td></tr>
<tr><td>2</td><td>项目阶段性讨论和总结（共10分）</td><td>（1）阶段讨论记录（讨论列表及视频）（4分）
（2）讨论报告（6分）</td><td></td></tr>
</table>

注：不参加研究项目的学生本门课程记零分。

八、研究项目报告

1. 封面

封面设计应美观大方，且至少包含以下内容：

项目名称；姓名；指导教师；日期。

2. 摘要

摘要应简明、确切地记述报告的重要内容，150 字左右，摘要后应注明 3 ～ 5 个关键词。

3. 前言

前言简要说明项目研究报告的目的和范围，介绍相关领域所做的工作和研究的概况、研究报告的意图、预期的结果及项目组分工。

4. 研究报告正文

研究报告正文包括介绍相关项目开展的研究内容的基本原理、所采用的研究方法及相关工具；详细说明项目的方案设计；给出研究结果并讨论等。主要提纲如下：

（1）选取国内外知名跨国会展企业，总结其管理经验和成功案例。

（2）虚拟某某会展设定。

（3）策划会展的每个环节。

（4）主要会展策划与管理环节的书面报告。

5. 结论

简要总结项目的主要工作、主要结果、心得感受、主要发现，以及下一步应当开展的主要工作等。

注意：

（1）最终策划报告要求 PPT 不低于 15 页，逻辑清晰、结构合理，展示截图、图形、报表等工整、规范。

（2）每个课程小组都要交阶段性总结和小组成员的单独报告、心得体会。

（3）各组报告所选取内容要独立完成，若严重雷同，将会严重影响成绩；同时各个小组成员也要有明确的分工和合作。

（4）要在汇报的前一天前提交研究报告电子版和纸质文档。

九、参考资料的来源

通过校园网在学校订阅的电子资料库中可以搜索到大量的相关参考资料，学生们也可到学校的图书馆查找纸质期刊资料。

十、严禁剽窃抄袭行为

发现有剽窃抄袭行为的，研究项目成绩为零。

剽窃抄袭行为主要指：

（1）从参考资料中引用有关思想或结果，但没有在报告中指明该思想或结果的出处并且没有与自己的思想或研究结果进行清晰的区分。

（2）直接拷贝别人的研究结果当作自己的研究结果。

“地理信息系统”课程三级项目实施方案

旅游规划功能分区图的制作

××年春季学期

（起止时间：第××周～第××周）

××年××月

一、项目概览

对一个规划区域的规划用图来表现最直观的就是旅游规划的功能分区图。学生根据自己的兴趣选择规划区域，搜集相关的规划资料，对规划区域的规划内容利用规划图来进行表现。通过让学生对规划区域的功能分区图的设计，使学生熟悉 ArcGIS 的操作，同时对规划的内容进行分析设计。初步培养学生的空间分析能力和 GIS 软件的应用能力，提高理论联系实际的能力，同时增强学生的创新思维能力。

二、实训目的

（1）提高学生自主学习能力。
（2）强化学生的专业思维。
（3）初步掌握 ArcGIS 软件的基本使用方法。
（4）培养学生对规划的空间表现能力。
（5）培养沟通协作能力、项目组织与管理能力、交流表达能力。
（6）拓宽知识面，学习相关专业理论知识。

三、主要内容

（1）旅游规划区域的选取。
（2）分析规划区域的功能分区。
（3）利用 ArcGIS 对规划地图进行处理。
（4）通过规划图表现规划区域的功能分区。
（5）项目报告及答辩用 PPT。

四、项目研究小组的主要分工

（1）每个小组独立完成项目所规定的研究内容，内容可以包括但并不限于这些内容；

每个小组要在项目报告中标明每个人在总体工作中的贡献、工作量权重，或者每个人负责的内容。

（2）研究内容的质量会影响到每组的最终成绩，鼓励学生自己在项目框架内选取感兴趣的研究内容进行创新和深入研究。

五、项目进程安排

时间安排：在课程理论讲授和实验完成后进行，学生课下准备。具体的时间安排要与实验室商定后确定。项目实训内容及时间安排见下表。

项目实训内容及时间安排

所属课程	时间安排	主要内容	备注
地理信息系统	第 1、2 学时	规划区域选取，相关资料的搜集	
	第 3、4 学时	相关地图的处理	
	第 5、6 学时	规划区功能分区的表现	
	第 7、8 学时	项目汇报答辩	

六、考核方式

项目的要求和成绩评定：

项目执行期间，严格考勤。学生必须按时参加项目研究，不准无故缺席、早退。

所有参加答辩的学生必须着正装，答辩时于台前站立汇报。

每位学生的项目成绩由小组成绩和组内成绩两部分构成。

小组成绩由以下两个方面进行评价：

（1）项目研究报告，占项目成绩的 40%。

（2）答辩成绩，占项目成绩的 60%。

组内成绩：每位学生的得分依据其在组内的贡献，由各小组成员自行讨论确定，签字后由小组组长上报。

七、研究项目报告

1. 封面

封面设计应美观大方，且至少包含以下内容：

项目名称；姓名；指导教师；日期。

2. 摘要

摘要应简明、确切地记述报告的重要内容，150 字左右，摘要后应注明 3 ～ 5 个关键词。

3. 前言

前言简要说明项目研究报告的目的和范围，介绍相关领域所做的工作和研究的概况、研究报告的意图、预期的结果及项目组分工。

4. 研究报告正文

研究报告正文包括介绍相关项目开展的研究内容的基本原理、所采用的研究方法及相关工具；详细说明项目的方案设计；给出研究结果并讨论等。主要提纲如下：

（1）选取国内外知名跨国会展企业，总结其管理经验和成功案例。

（2）虚拟 ×× 会展设定。

（3）策划会展的每个环节。

（4）主要会展策划与管理环节的书面报告。

5. 结论

简要总结项目的主要工作、主要结果、心得感受、主要发现，以及下一步应当开展的主要工作等。

注意：

（1）最终策划报告要求 PPT 不低于 15 页，逻辑清晰、结构合理，展示截图、图形、报表等工整、规范。

（2）每个课程小组都要交阶段性总结和小组成员的单独报告、心得体会。

（3）各组报告所选取内容要独立完成，若严重雷同，将会严重影响成绩；同时各个小组成员也要有明确的分工和合作。

（4）要在汇报的前一天前提交研究报告电子版和纸质文档。

八、参考资料的来源

通过校园网在学校订阅的电子资料库中可以搜索到大量的相关参考资料，学生们也可到学校的图书馆查找纸质期刊资料。

九、严禁剽窃抄袭行为

发现有剽窃抄袭行为的，研究项目成绩为零。

剽窃抄袭行为主要指：

（1）从参考资料中引用有关思想或结果，但没有在报告中指明该思想或结果的出处并且没有与自己的思想或研究结果进行清晰的区分。

（2）直接拷贝别人的研究结果当作自己的研究结果。

“旅游人力资源管理”课程三级项目实施方案

旅游企业员工培训与激励对策研究

×× 年第二学期

（起止时间：第 ×× 周～第 ×× 周）

×× 年 ×× 月

一、项目概述

“旅游人力资源管理”课程研究项目的任务是培养学生初步的策划构思能力、创新能力、市场调查、资料利用、论文写作，以及幻灯片制作的实践能力。通过这一训练过程，帮助学生建立市场的观点，培养正确的设计思想，使学生掌握旅游企业人力资源管理研究的能力，进而为后续“旅游经营管理”等课程的学习、毕业论文的写作，以及今后从事旅游人力资源管理研究工作奠定扎实的基础。

通过对调研课题的选定、调查方案的制订、调查表的设计和实地调研，以及调查资料的整理、分析、总结、答辩等，使学生掌握相关方法，提高学生的设计能力，发现问题、解决问题的能力和实践能力。

该课程研究项目要求学生根据所学的理论和方法对旅游企业员工培训和员工激励进行调查分析。学生将组成课题小组，通过小组讨论形成完整的研究工作方案，通过研究分析得出结论，最后形成分析报告。

二、实训目的

（1）了解培训研究的方法。
（2）学会搜集研究资料。
（3）掌握影响企业员工培训的相关因素。
（4）熟练进行调查表的设计，调查资料的整理和分析。
（5）培养学生系统思维和科学分析的能力。
（6）培养学生责任意识与团队意识。
（7）培养学生沟通协作能力、项目组织与管理能力、交流表达能力。

三、主要内容

（1）项目研究方案的设计。
（2）项目研究调查的具体实施。
（3）调查资料的整理和分析。

（4）提出分析结论和建议。

（5）撰写项目报告及答辩用 PPT。

四、项目研究小组的主要分工

（1）每 7 ～ 8 名学生一组，相互协作完成项目所规定的研究内容，内容可以包括但并不限于这些内容。

（2）每个小组要在项目报告中标明每个学生在项目研究工作中的任务、负责的具体内容。

（3）研究内容的质量会影响到每组的最终成绩，鼓励学生自己在项目框架内选取感兴趣的研究内容进行创新和深入研究。

五、项目进程安排

时间安排：第 1 周第一次课说明本课程项目构成，开课后第 2 周下发任务，学生课下准备。课程讲述内容结束后开始。

项目实训内容及时间安排见下表。

项目实训内容及时间安排

所属课程	时间安排	主要内容	备注
旅游人力资源管理	第 1、2 周	确定课题，讨论确定分析内容、分析方法，对资料进行研读	
	第 3 ～ 5 周	调研、整理资料、分析资料、形成论文、完成 PPT 制作	
	第 6 ～ 9 周	项目汇报	

六、基本要求

（1）项目期间，学生必须坚决杜绝一切可能危及安全的事件发生，保证自身生命及财产安全。

（2）项目期间，学生必须按时参加项目研究，不准无故缺席。

（3）做好项目研究总结，撰写报告。

七、考核方式

每位学生的三级项目成绩由小组成绩和组内成绩两部分构成。小组成绩由答辩评委给出，组内成绩在小组成绩基础上给出，一档为小组成绩，二档、三档比小组成绩低 1 分和 2 分。

具体评分规则见下表。

其中组内成绩得分依据每位学生在组内的贡献，由各小组成员自行讨论确定，每位学生签字后由小组组长上报。

项目小组成绩评定标准

序号	评定条目	评定标准	备注
1	项目演讲答辩（共 10 分）	（1）资料搜集及小组工作计划和方案的合理性 （2）调查表的结构、语言、项目、问题顺序 （3）PPT 的效果 （4）答辩问题的准确清晰程度	
2	项目论文（共 10 分）	（1）论文题目 （2）论文内容完整、结构合理、逻辑清楚 （3）论文撰写格式规范	

八、研究项目报告格式

（1）报告总字数要求 3000 ～ 5000 字以上，字迹工整，图文规范。

（2）每个课程小组都要交单独的项目报告。

（3）各组报告所选取内容要独立完成，同时各个小组成员也要有明确的分工和合作。

（4）要在汇报的前一天前提交研究报告电子版和纸质文档。

九、参考资料的来源

通过校园网在学校订阅的电子资料库中可以搜索到大量的相关参考资料，学生们也可到学校的图书馆查找纸质期刊资料。

十、严禁剽窃抄袭行为

发现有剽窃抄袭行为的，研究项目成绩为零。

剽窃抄袭行为主要指：

（1）从参考资料中引用有关思想或结果，但没有在报告中指明该思想或结果的出处并且没有与自己的思想或研究结果进行清晰的区分。

（2）直接拷贝别人的研究结果当作自己的研究结果。

“导游概论”课程三级项目实施方案

学生模拟导游讲解

×× 年第二学期

（起止时间：第 ×× 周～第 ×× 周）

×× 年 ×× 月

一、项目概览

该课程将整个“导游概论”课程的理论体系和实践操作环节整合。由学生选取讲解对象，运用相关知识及理论，将导游词创作技能、导游讲解技能和导游带团技能融合。教师和学生在课堂上扮演旅游者、导游员等不同的角色，在互动中，锻炼学生文献查阅、导游词创作、现场导游讲解、导游带团等方面的能力，培养学生的思维能力、执行能力、团队能力、沟通能力、心理承受力和创新能力。

二、实训目的

（1）学会有针对性地搜集旅游相关信息。
（2）了解旅游者的特点。
（3）掌握导游词创作技能。
（4）掌握导游讲解方法。
（5）掌握带团技能。
（6）培养学生合作和担当意识。
（7）培养沟通协作能力、项目组织与管理能力、交流表达能力等。

三、主要内容

（1）特定旅游景区的全面信息搜集、整理。
（2）特定旅游者群体特征分析。
（3）导游词创作。
（4）模拟导游讲解与互动。
（5）项目报告及答辩用 PPT 制作。
（6）答辩。

四、项目研究小组的主要分工

（1）每 5 ～ 6 名学生一组，相互协作完成项目所规定的研究内容，内容可以包括但并不限于这些内容。

（2）每个小组要在项目报告中标明每个人在总体工作中的贡献、工作量权重，或者每个人负责的内容。

（3）研究内容的质量会影响到每组的最终成绩，鼓励学生自己在项目框架内选取感兴趣的研究内容进行创新和深入研究。

五、项目进程安排

时间安排：从开课周下发任务，学生课下准备。最后一周开始进行项目汇报展示。

项目实训内容及时间安排见下表。

项目实训内容及时间安排

所属课程	时间安排	主要内容	备注
导游概论	第 1、2 学时	导游词分析及修改	
	第 3 ～ 8 学时	项目汇报答辩	

六、基本要求

（1）项目期间，学生必须严格遵守实验室规章制度，坚决杜绝一切可能危及安全的事件发生，同指导教师一起创造一个良好的实训环境。

（2）项目期间，严格考勤。学生必须按时参加项目研究，不准无故缺席、早退。在实训中违反实验室规章制度的学生，将暂停或取消实训资格。在项目研究中对表现突出的学生给予奖励，并记入考核成绩。

（3）做好项目研究总结，撰写报告。

七、考核方式

项目执行期间，严格考勤。学生必须按时参加项目研究，不准无故缺席、早退。在项目研究中对表现突出的学生给予奖励，并记入考核成绩。

所有参加答辩的学生必须着正装，答辩时于台前站立汇报。

每位学生的三级项目成绩由小组成绩和组内成绩两部分构成。

小组成绩由以下两个方面进行评价：

（1）导游词创作，占项目成绩的 40%。

（2）答辩成绩，占项目成绩的 60%。

小组得分为组内所有学生的平均分，每位学生的得分依据其在组内的贡献，在小组平均分的基础上浮动，但最高分与最低分差值不得小于 15%。组内得分由各小组成员自行讨论确定，签字后由小组组长上报。

具体评分规则见下表。

项目小组成绩评定标准

序号	评定条目	评定标准	备注
1	导游词创作	导游词部分：8 分 （1）主题明确 （2）内容丰富 （3）导游讲解方法适当	
2	项目考核、演讲、答辩（共 12 分）优秀适当奖励分数	现场讲解部分：10 分 （1）现场感强 （2）流畅、自信 （3）听众反应好	
		答辩：2 分 （1）着装、礼仪符合规定 （2）回答有理有据	

注：不参加研究项目的学生本门课程记零分。

“导游概论”课程成绩评分原则

序号	评定条目	评定标准	备注
1	讨论课成绩（两次，每次 10 分共 20 分）	讨论小组成绩由三部分构成： （1）资料的查阅整理及 PPT 制作质量，占讨论课成绩的 30%，满分 3 分 （2）PPT 讲解及回答问题情况，占讨论课成绩的 40%，满分 4 分 （3）提问交流情况，占讨论课成绩的 30%，满分 3 分	
2	课程研究项目（20 分）	项目小组成绩由两部分组成： （1）导游词创作，占 40%，满分 8 分 （2）考核、演讲答辩及比赛，占 60%，满分 12 分	
3	笔试成绩（60 分）	依据卷面的实际得分计算	

注：上述各个环节，个人的表现将会直接影响全组成绩。

八、研究项目报告

1. 封面

封面设计应美观大方，且至少包含以下内容：

项目名称；姓名；指导教师；日期。

2. 导游词一篇

注意：

（1）报告总字数不定，时间限定为每人 5 分钟，学生可以根据语速和讲解内容等决定字数和工作量。

（2）每个课程小组都要交单独的项目报告。

（3）各组报告所选取内容要独立完成，若严重雷同，将会严重影响成绩；同时各个小组成员也要有明确的分工和合作。

（4）要在汇报的前一天前提交研究报告电子版和纸质文档。

九、参考资料的来源

通过校园网在学校订阅的电子资料库中可以搜索到大量的相关参考资料，学生们也可到学校的图书馆查找纸质期刊资料。

十、严禁剽窃抄袭行为

发现有剽窃抄袭行为的，研究项目成绩为零。

剽窃抄袭行为主要指：

（1）从参考资料中引用有关思想或结果，但没有在报告中指明该思想或结果的出处并且没有与自己的思想或研究结果进行清晰的区分。

（2）直接拷贝别人的研究结果当作自己的研究结果。

"旅游市场营销"课程三级项目实施方案

秦皇岛旅游景区电子门票微信营销

××年春季学期

（起止时间：第××周～第××周）

××年××月

一、项目概览

该课程研究项目模拟旅游企业微信营销活动。由学生组成微信营销团队进行竞争与合作。通过模拟使学生具体分析宏微观环境、企业现状、微信营销手段的利弊，开展真正的商务谈判、渠道建设、微信营销、过程管理等一系列活动，学生能够更加深入地理解微信营销的功能，并能将所学的管理知识应用于实际，提高综合应用已有知识解决旅游企业门票营销实际问题的能力，培养学生的思维能力、执行能力、团队能力和创新能力。

二、实训目的

（1）理解新媒体对旅游市场营销的影响。
（2）了解微信营销的作用。
（3）掌握微信营销的方法。
（4）掌握微信营销的流程。
（5）培养学生的法律意识和风险管控意识。
（6）培养学生的合作和担当意识。
（7）培养沟通协作能力、项目组织与管理能力、交流表达能力等。

三、主要内容

（1）秦皇岛旅游景区门票营销的现状分析。
（2）微信营销的方法与作用分析。
（3）与旅游景区或者其代理商进行洽谈并取得授权。
（4）开展具体的微信营销活动。
（5）项目报告及答辩用 PPT 制作。
（6）答辩。

四、项目研究小组的主要分工

（1）每 5 ～ 6 名学生一组，相互协作完成项目所规定的研究内容，内容可以包括但并不限于这些内容。

（2）每个小组要在项目报告中标明每个人在总体工作中的贡献、工作量权重，或者每个人负责的内容。

（3）研究内容的质量会影响到每组的最终成绩，鼓励学生自己在项目框架内选取感兴趣的研究内容进行创新和深入研究。

五、项目进程安排

时间安排：从开课周下发任务，学生课下准备。最后一周开始进行项目汇报展示。

项目实训内容及时间安排见下表。

项目实训内容及时间安排

所属课程	时间安排	主要内容	备注
旅游市场营销	第 1、2 学时	完成项目分组，设定分项目进程时间节点。根据市场情况进行实战中问题的分析与方案对策提出	
	第 3、4 学时	项目汇报答辩	

六、基本要求

（1）项目期间，学生必须严格遵守实验室规章制度，坚决杜绝一切可能危及安全的事件发生，同指导教师一起创造一个良好的实训环境。

（2）项目期间，严格考勤。学生必须按时参加项目研究，不准无故缺席、早退。在实训中违反实验室规章制度的学生，将暂停或取消实训资格。在项目研究中对表现突出的学生给予奖励，并记入考核成绩。

（3）做好项目研究总结，撰写报告。

七、考核方式

项目执行期间，严格考勤。学生必须按时参加项目研究，不准无故缺席、早退。在项目研究中对表现突出的学生给予奖励，并记入考核成绩。

所有参加答辩的学生必须着正装，答辩时于台前站立汇报。

每位学生的三级项目成绩由小组成绩和组内成绩两部分构成。

小组成绩由以下两个方面进行评价：

（1）项目研究报告，占项目成绩的 40%。

（2）答辩成绩，占项目成绩的 60%。

小组得分为组内所有学生的平均分，每位学生的得分依据其在组内的贡献，在小组平均分的基础上浮动，但最高分与最低分差值不得小于 15%。组内得分由各小组成员自行讨论确定，签字后由小组组长上报。

具体评分规则见下表。

项目小组成绩评定标准

序号	评定条目	评定标准	备注
1	项目考核、演讲、答辩（共 12 分）优秀适当奖励分数	理论与现状分析部分：4 分 （1）理论基础扎实、正确 （2）现状分析客观、准确	
		项目实施部分：5 分 （1）方案切实可行 （2）经济效益明显 （3）团队工作效果显著	
		答辩：3 分 （1）着装、礼仪符合规定 （2）回答有理有据	
2	项目报告（共 8 分）	（1）项目选取合理有实际意义（2 分） （2）报告撰写内容完整、合理（4 分） （3）报告撰写形式规范（2 分）	

注：不参加研究项目的学生本门课程记零分。

“旅游市场营销”课程成绩评分原则

序号	评定条目	评定标准	备注
1	出勤成绩（包含课程、项目）（10 分）	（1）全勤：10 分 （2）缺勤 1 次，扣 2 分 （3）无故旷课 5 次以上，取消本次课程成绩	

（续表）

序号	评定条目	评定标准	备注
2	讨论课成绩（两次，每次10分共20分）	讨论小组成绩由三部分构成： （1）资料的查阅整理及PPT制作质量，占讨论课成绩的30%，满分3分 （2）PPT讲解及回答问题情况，占讨论课成绩的40%，满分4分 （3）提问交流情况，占讨论课成绩的30%，满分3分	
3	课程研究项目（20分）	项目小组成绩由两部分组成： （1）企业运营及相关报告的撰写，占40%，满分8分 （2）考核、演讲答辩及比赛，占60%，满分12分	
4	笔试成绩（50分）	依据卷面的实际得分计算	

注意：上述各个环节，个人的表现将会直接影响全组成绩。

八、研究项目报告

1. 封面

封面设计应美观大方，且至少包含以下内容：

项目名称；姓名；指导教师；日期。

2. 摘要

摘要应简明、确切地记述报告的重要内容，150字左右，摘要后应注明3～5个关键词。

3. 前言

前言简要说明项目研究报告的目的和范围，介绍相关领域所做的工作和研究的概况、研究报告的意图、预期的结果及项目组分工。

4. 研究报告正文

研究报告正文包括介绍相关项目开展的研究内容的基本原理、所采用的研究方法及相关工具；详细说明项目的方案设计；给出研究结果并讨论等。主要提纲如下：

（1）秦皇岛旅游景区门票营销的现状分析。

（2）微信营销的方法与作用分析。

（3）与旅游景区或者其代理商进行洽谈并取得授权的思路与实施。

（4）开展具体的微信营销活动。

（5）项目分析与评估。

5. 结论

简要总结项目的主要工作、主要结果、心得感受、主要发现，以及下一步应当开展的主要工作等。

6. 主要参考文献

参考文献的书写要符合规范。

注意：

（1）报告总字数要求 3000 字以上，字迹工整，图文规范。

（2）每个课程小组都要交单独的项目报告。

（3）各组报告所选取内容要独立完成，若严重雷同，将会严重影响成绩；同时各个小组成员也要有明确的分工和合作。

（4）要在汇报的前一天前提交研究报告电子版和纸质文档。

九、参考资料的来源

通过校园网在学校订阅的电子资料库中可以搜索到大量的相关参考资料，学生们也可到学校的图书馆查找纸质期刊资料。

十、严禁剽窃抄袭行为

发现有剽窃抄袭行为的，研究项目成绩为零。

剽窃抄袭行为主要指：

（1）从参考资料中引用有关思想或结果，但没有在报告中指明该思想或结果的出处并且没有与自己的思想或研究结果进行清晰的区分。

（2）直接拷贝别人的研究结果当作自己的研究结果。

“旅游心理学”课程三级项目实施方案

××学年春季学期

（起止时间：第××周～第××周）

××年××月

一、项目概述

“旅游心理学”课程研究项目的任务是培养学生初步的策划构思能力、创新能力、市场调查、资料利用、论文写作，以及幻灯片制作的实践能力。通过这一训练过程，帮助学生建立市场的观点，培养正确的设计思想，使学生掌握旅游消费者行为研究的能力，进而为后续“旅游市场营销”“企业经营管理”等课程的学习、毕业论文的写作，以及今后从事消费者行为研究工作奠定扎实的基础。

通过对调研课题的选定、调查方案的制订、调查表的设计和实地调研，以及调查资料的整理和分析总结、答辩等，使学生掌握相关方法，提高学生设计能力，发现问题、解决问题的能力和实践能力。

该课程研究项目要求学生根据所学的理论和方法对旅游消费者行为进行调查分析。学生将组成课题小组，通过小组讨论形成完整的研究工作方案，最后形成分析报告。

二、实训目的

（1）培养学生理论联系实际的研究思想和工作作风，培养学生综合运用各种基本知识解决问题的能力。

（2）学习和掌握市场调研的基本方法和程序。

（3）掌握消费者行为研究工作的基本技能，如调查表设计、研究资料整理，以及使用 Exell、SPSS 等软件处理数据的能力。

（4）培养学生运用工具书和相关资料的能力。

三、主要内容

（1）调查研究方案的设计。

（2）调查的具体实施。

（3）调查资料的整理和分析。

（4）提出分析结论和建议。

（5）撰写项目报告及答辩用 PPT。

参考题目：

①家庭对秦皇岛市在校大学生旅游行为的影响

②秦皇岛市在校大学生旅游行为的家庭影响研究

③消费价值观对秦皇岛市在校大学生旅游行为的影响

④秦皇岛市在校大学生旅游消费观念研究

⑤中国传统文化对秦皇岛市在校大学生旅游行为的影响研究

⑥秦皇岛市在校大学生旅游信息网络搜寻行为研究

⑦秦皇岛市在校大学生旅游动机研究

⑧秦皇岛市在校大学生旅游意向研究

⑨秦皇岛市在校大学生旅游目的地选择行为研究

⑩秦皇岛市在校大学生旅游购物行为研究

⑪秦皇岛市在校大学生本地一日游行为研究

⑫秦皇岛市在校大学生旅行社选择行为研究

⑬微信对在校大学生旅游行为影响研究

四、项目的实施

要求各组学生在项目中完成以下工作：

（1）设计调查表一份。

（2）完成研究论文一篇，约 3000 ～ 5000 字。

（3）制作演示用 PPT 文稿。

五、项目的进程安排

项目实训内容及时间安排见下表。

项目实训内容及时间安排

所属课程	时间安排	主要内容	备注
旅游心理学	第 1 周	确定课题，讨论确定分析内容、分析方法，对资料进行研读	
	第 2 ～ 6 周	调研、整理资料、分析资料、形成论文、完成 PPT 制作	
	第 9、10 周	项目汇报	

六、研究项目报告

项目报告主要包括以下内容：

1. 封面

封面内容应包括：项目名称；学生姓名；学院；年级专业；指导教师；日期。

2. 摘要

简明、确切地记述课程项目的重要内容，200 字左右。

3. 目录

4. 论文题目

5. 引言

6. 正文

7. 结论

8. 主要参考文献

注意：

（1）论文要求字迹工整，图文规范。

（2）要求在答辩前完成项目论文的撰写。

七、成绩评定

每位学生的三级项目成绩由小组成绩和组内成绩两部分构成。具体评分规则见下表。

成绩评定标准

<table>
<tr><th>序号</th><th colspan="2">评定条目</th><th>评定标准</th><th>备注</th></tr>
<tr><td rowspan="2">1</td><td rowspan="2">小组成绩</td><td>项目演讲答辩
（共 10 分）</td><td>（1）资料搜集及小组工作计划和方案的合理性
（2）调查表的结构、语言、项目、问题顺序
（3）PPT 的效果
（4）答辩问题的准确清晰程度</td><td></td></tr>
<tr><td>项目论文
（共 10 分）</td><td>（1）论文题目
（2）论文撰写内容完整、结构合理、逻辑清楚
（3）论文撰写格式规范</td><td></td></tr>
<tr><td>2</td><td colspan="2">组内成员成绩
（共 10 分）</td><td>（1）担负工作的工作量大小
（2）参与项目的积极程度</td><td>1、2、3 档（比例 3 ∶ 4 ∶ 3）</td></tr>
</table>

八、参考资料的来源

学校的图书馆和学院资料室纸质期刊图书资料，通过校园网在我校图书馆订阅的电子资料库、百度等社会资料来源。

九、严禁剽窃抄袭行为

发现有剽窃抄袭行为的，研究项目成绩为零。

剽窃抄袭行为主要指：

（1）从参考资料中引用有关思想或结果，但没有在报告中指明该思想或结果的出处并且没有与自己的思想或研究结果进行清晰的区分。

（2）直接拷贝别人的研究结果当作自己的研究结果。

“前厅客房管理”课程三级项目实施方案

客房产品设计

×× 年秋季学期

（起止时间：第 ×× 周～第 ×× 周）

×× 年 ×× 月

一、项目概览

“前厅客房管理”三级项目客房产品设计是验证、巩固和补充课堂讲授的理论知识、加强培养学生的实际能力的必要环节。通过客房产品设计，使学生熟知客房服务的具体内容，对酒店客房产品有一个全面的认识；对客房服务产品所应遵循的科学规范和操作要求有深入的了解，对客房产品的创新和升级进行深入思考。项目的完成过程能培养学生收集整理资料、多媒体课件的制作、演讲、提炼观点和总结归纳的能力。小组分工合作的方式培养学生团队合作的能力，课堂演示的方式引发学生对课程的兴趣，通过教师的评析和学生们的相互讨论，提升学生理论联系实践和思考的能力，同时也有助于学生更加深入地理解和掌握与酒店客房相关的其他经营管理方面的知识。

二、实训目的

（1）深入理解酒店客房产品的质量特征。

（2）理解酒店客房产品设计的关键因素。

（3）掌握各类酒店客房产品的设计条件及区别。

（4）掌握酒店客房产品的服务质量管理、房价管理、成本管理相关知识。

（5）培养学生的服务意识与产品创新能力。

（6）培养学生有关酒店客房产品的需求与市场意识。

（7）培养学生搜集、整理资料的能力，提升学生的动手能力、语言总结能力，培养学生的团队合作能力和创新能力。

三、主要内容

“VHE（Virtual Hotel Environment）客房产品设计”主要内容为：

（1）分组。班级成员分成若干小组，每组 6 ～ 8 人左右。

（2）确定项目题目。围绕教学任务各章所学内容，小组有针对性地设计项目题目。寓教学于虚拟实践，结合当前酒店发展动态和需求热点作为项目设计的出发点。

（3）制作多媒体课件。小组成员课下讨论并完成项目。小组内分工明确，各司其职、各尽其责，群策群力，共同完成项目。形成文字报告，做成PPT。

（4）项目报告及答辩。使用PPT进行课堂汇报讲解，接受全班学生及教师的答辩。小组代表完成汇报性演讲。

四、项目研究小组的主要分工

（1）每6～8名学生一组，相互协作完成项目所规定的研究内容，内容可以包括但并不限于这些内容。

（2）每个小组要在项目报告中标明每个人在总体工作中的贡献、工作量权重，或者每个人负责的内容。

（3）研究内容的质量会影响到每组的最终成绩，鼓励学生自己在项目框架内选取感兴趣的研究内容进行创新和深入研究。

五、项目进程安排

时间安排：从第9周下发任务，学生课下准备。第16周按顺序进行项目汇报展示。

六、基本要求

（1）项目期间，学生必须严格遵守实验室规章制度，坚决杜绝一切可能危及安全的事件发生，同指导教师一起创造一个良好的实训环境。

（2）项目期间，严格考勤。学生必须按时参加项目研究，不准无故缺席、早退。在实训中违反实验室规章制度的学生，将暂停或取消实训资格。在项目研究中对表现突出的学生给予奖励，并记入考核成绩。

（3）做好项目研究总结，撰写报告。

七、考核方式

项目执行期间，严格考勤。学生必须按时参加项目研究，不准无故缺席、早退。在项目研究中对表现突出的学生给予奖励，并记入考核成绩。

所有参加答辩的学生必须着正装，答辩时于台前站立汇报。

每位学生的三级项目成绩由小组成绩和组内成绩两部分构成。

小组成绩由以下两个方面进行评价：

（1）项目研究报告，占项目成绩的40%。

（2）答辩成绩，占项目成绩的60%。

小组得分为组内所有学生的平均分，每位学生的得分依据其在组内的贡献，在小组平均分的基础上浮动，但最高分与最低分差值不得小于15%。组内得分由各小组成员自行讨论确定，签字后由小组组长上报。

具体评分规则见下表。

项目小组成绩评定标准

<table>
<tr><th>序号</th><th>评定条目</th><th>评定标准</th><th>备注</th></tr>
<tr><td rowspan="3">1</td><td rowspan="3">项目考核、演讲、答辩
（共12分）
优秀适当奖励分数</td><td>创立部分：4分
（1）所选取酒店类型明确
（2）市场需求明确
（3）研究产品明确</td><td></td></tr>
<tr><td>PPT内容部分：5分
（1）客房产品设定具有合理性
（2）产品设计符合酒店类型特征
（3）产品研发及生产具有可行性</td><td></td></tr>
<tr><td>答辩：3分
（1）着装、礼仪符合规定
（2）回答有理有据</td><td></td></tr>
<tr><td>2</td><td>项目报告
（共8分）</td><td>（1）项目选取合理有实际意义（2分）
（2）报告撰写内容完整、合理（4分）
（3）报告撰写形式规范（2分）</td><td></td></tr>
</table>

注：不参加研究项目的学生本门课程记零分。

八、研究项目报告

1. 封面

封面设计应美观大方，且至少包含以下内容：

项目名称；姓名；指导教师；日期。

2. 摘要

摘要应简明、确切地记述报告的重要内容，150字左右，摘要后应注明3～5个关键词。

3. 前言

前言简要说明项目研究报告的目的和范围，介绍相关领域所做的工作和研究的概况、研究报告的意图、预期的结果及项目组分工。

4. 研究报告正文

研究报告正文包括介绍相关项目开展的研究内容的基本原理、所采用的研究方法及相关工具；详细说明项目的方案设计；给出研究结果并讨论等。主要提纲如下：

（1）选取的酒店类型介绍。

（2）酒店背景介绍。

（3）市场及经济环境设定。

（4）客房产品设计。

5. 结论

简要总结项目的主要工作、主要结果、心得感受、主要发现，以及下一步应当开展的主要工作等。

注意：

（1）报告总字数要求3000字以上，字迹工整，图文规范。

（2）每个课程小组都要交单独的项目报告。

（3）各组报告所选取内容要独立完成，若严重雷同，将会严重影响成绩；同时各个小组成员也要有明确的分工和合作。

（4）要在汇报的前一天前提交研究报告电子版和纸质文档。

九、参考资料的来源

通过校园网在学校订阅的电子资料库中可以搜索到大量的相关参考资料，也可到学校的图书馆查找纸质期刊资料。

十、严禁剽窃抄袭行为

发现有剽窃抄袭行为的，研究项目成绩为零。

剽窃抄袭行为主要指：

（1）从参考资料中引用有关思想或结果，但没有在报告中指明该思想或结果的出处并且没有与自己的思想或研究结果进行清晰的区分。

（2）直接拷贝别人的研究结果当作自己的研究结果。

“旅行社商务英语”课程三级项目实施方案

旅游景点英文讲解

×× 年秋季学期

（起止时间：第 ×× 周～第 ×× 周）

×× 年 ×× 月

一、项目概览

该课程研究项目要求学生根据对所选题目的理解和知识，充分利用所学的词汇及表达方式对题目进行讲解。学生两人一组，从老师提供的题目中任意选一个，通过收集相关信息，确定讲解内容及英文的表达，然后组成对话，最后以口头形式展示。

二、实训目的

（1）了解旅游讲解的方式和内容。

（2）学会搜集所需的相关资料。

（3）掌握相关内容的英语表达方式。

（4）培养学生沟通协作能力和英语交流表达能力。

（5）培养学生的责任意识。

三、主要内容

（1）每组学生从以下四个题目中任选一个：

①秦始皇兵马俑一号坑

②北京鸟巢

③重庆瞿塘峡

④西安穆斯林小吃一条街

（2）对话从描述这些地方开始，至少要包括这些地方的外观特点以及游客需要了解的其他相关信息。

（3）收集这些景点的资料，讨论并选取要介绍和讲解的内容，以对话的形式用英文写出来。

（4）两位学生口头展示所设计的对话。

四、项目研究小组的主要分工

每组学生相互协作，按要求完成对话所规定的内容。

五、项目进程安排

时间安排：项目在第 15 周进行，第一次课下发任务，学生课下准备，第二次课学生展示，老师评价并打分。

项目实训内容及时间安排见下表。

项目实训内容及时间安排

所属课程	时间安排	主要内容	备注
旅行社商务英语	第 1、2 学时	给学生布置对话题目、明确对话要求，给学生提供并讲解实例对话	
	第 3、4 学时	学生展示对话，教师评论并打分	

六、基本要求

（1）对话时间为 2 ～ 2.5 分钟，每个学生说话不得少于 8 次。

（2）对话所提供的信息要有趣，富有创造性。

（3）对话内容要有新意，不能背诵或使用书中所提供的内容。

（4）要尽量多地使用书中所学词汇和表达方式。

（5）对话要有逻辑性，要使人明白理解。

（6）项目期间，严格考勤。

七、考核方式

学生必须按时参加对话展示，不准无故缺席。无故缺席者没有分数。

每组学生的对话项目成绩通过以下几方面来分别评定：

（1）对话内容，包括新颖性、原创性、趣味性、知识性、逻辑性、准确性、合理性，发音、语法及所学词汇的使用多少，占项目成绩的 65%。

（2）回答问题，占项目成绩的 35%。

具体评分规则见下表。

成绩评定标准

序号	评定条目	评定标准	备注
1	对话内容 （共 65 分）	（1）新颖性（7 分） （2）原创性（7 分） （3）趣味性（7 分） （4）知识性（7 分） （5）逻辑性（7 分） （6）准确性（7 分） （7）合理性（7 分） （8）发音，语法（8 分） （9）所学词汇的使用多少（8 分）	
2	回答问题 （35 分）	（1）新颖性（3 分） （2）原创性（3 分） （3）趣味性（3 分） （4）知识性（3 分） （5）准确性（3 分） （6）合理性（3 分） （7）发音，语法（6 分） （8）所学词汇的使用多少（6 分） （9）听力（5 分）	

注：不参加项目的学生该部分记零分。

八、研究项目报告

无书写的项目报告。

九、参考资料的来源

可以通过网上或学校的图书馆查找纸质期刊资料。

十、严禁剽窃抄袭行为

发现有剽窃抄袭行为的，项目成绩为零。剽窃抄袭行为主要指直接拷贝别人（或书中）的对话。

“旅游景区经营管理”课程三级项目实施方案

旅游景区管理公司创建及运营

×× 年春季学期

（起止时间：第 ×× 周～第 ×× 周）

×× 年 ×× 月

一、项目概览

学生根据自己的兴趣自由分组，组成不同类型景区管理公司，担当不同管理角色，模拟参与整个公司的创建及运营过程。通过让学生模拟创建旅游景区管理公司，使学生了解旅游景区管理企业各运营主要环节，掌握公司创建及运营的相关要素。初步培养学生的管理思维及服务意识，提高理论联系实际的能力，增强学生的创新思维和创业能力。

二、实训目的

（1）提高学生的自主学习能力。
（2）强化学生的专业思维。
（3）掌握景区管理公司创建及流程。
（4）培养学生的经营意识与规划能力。
（5）培养学生的风险与责任意识。
（6）培养沟通协作能力、项目组织与管理能力、交流表达能力。
（7）拓宽知识面，学习相关专业理论知识。

三、主要内容

（1）景区类型的选取（为调研方便，最好从秦皇岛已有的景区类型选取）。
（2）分析创建某旅游景区管理公司的必要性与可行性。
（3）内外部经济环境的分析。
（4）选取一个旅游景区管理公司运营项目进行研究。
（5）项目报告及答辩用 PPT。

四、项目研究小组的主要分工

（1）分为 4 组，相互协作完成项目所规定的研究内容，内容可以包括但并不限于这些内容。

（2）每个小组要在项目报告中标明每个人在总体工作中的贡献、工作量权重，或者每个人负责的内容。

（3）研究内容的质量会影响到每组的最终成绩，鼓励学生自己在项目框架内选取感兴趣的研究内容进行创新和深入研究。

五、项目进程安排

时间安排：第五章“旅游景区营销管理”课程结束后下发任务，学生课下准备。第 18 周开始进行项目汇报展示。项目实训内容及时间安排见下表。

项目实训内容及时间安排

所属课程	时间安排	主要内容	备注
旅游景区营销管理	第 1 学时	景区管理公司的选取，项目可行性分析	
	第 2 学时	内外部经济环境的分析	
	第 3 学时	选取一个旅游景区管理公司运营项目进行研究，根据情景设定运营项目	
	第 4 学时	项目汇报答辩	

六、考核方式

三级项目的要求和成绩评定。

项目执行期间，严格考勤。学生必须按时参加项目研究，不准无故缺席、早退。在项目研究中对表现突出的学生给予奖励，并记入考核成绩。

所有参加答辩的学生必须着正装，答辩时于台前站立汇报。

每位学生的三级项目成绩由小组成绩和组内成绩两部分构成。

小组成绩由以下两个方面进行评价：

（1）项目研究报告，占项目成绩的 40%。

（2）答辩成绩，占项目成绩的 60%。

小组得分为组内所有学生的平均分，每位学生的得分依据其在组内的贡献，在小组平均分的基础上浮动，但最高分与最低分差值不得小于 15%。组内得分由各小组成员自行讨论确定，签字后由小组组长上报。

七、研究项目报告

1. 封面

封面设计应美观大方，且至少包含以下内容：

项目名称；姓名；指导教师；日期。

2. 摘要

摘要应简明、确切地记述报告的重要内容，150字左右，摘要后应注明3～5个关键词。

3. 前言

前言简要说明项目研究报告的目的和范围，介绍相关领域所做的工作和研究的概况、研究报告的意图、预期的结果及项目组分工。

4. 研究报告正文

研究报告正文包括介绍相关项目开展的研究内容的基本原理、所采用的研究方法及相关工具；详细说明项目的方案设计；给出研究结果并讨论等。主要提纲如下：

（1）景区类型的选取（为调研方便，最好从秦皇岛已有的景区类型选取）。

（2）分析创建某旅游景区管理公司必要性与可行性。

（3）模拟创建一家具体景区管理公司（有限责、企业实力、股东情况等）。

（4）公司内外部经济环境的分析（可从竞争环境、经济宏观环境等）。

（5）旅游景区管理公司运营项目进行研究（投资概况、组织构架、市场分析、营销管理等）。

5. 结论

简要总结项目的主要工作、主要结果、心得感受、主要发现，以及下一步应当开展的主要工作等。

6. 主要参考文献

参考文献的书写要符合规范。

注意：

（1）报告总字数要求3000字以上，字迹工整，图文规范。

（2）每个课程小组都要交单独的项目报告。

（3）各组报告所选取内容要独立完成，若严重雷同，将会严重影响成绩；同时各个小组成员也要有明确的分工和合作。

（4）要在汇报的前一天前提交研究报告电子版和纸质文档。

八、参考资料的来源

通过校园网在学校订阅的电子资料库中可以搜索到大量的相关参考资料，学生们也可到学校的图书馆查找纸质期刊资料。

九、严禁剽窃抄袭行为

发现有剽窃抄袭行为的，研究项目成绩为零。

剽窃抄袭行为主要指：

（1）从参考资料中引用有关思想或结果，但没有在报告中指明该思想或结果的出处并且没有与自己的思想或研究结果进行清晰的区分。

（2）直接拷贝别人的研究结果当作自己的研究结果。

第四章　二 级 项 目

“旅游管理专业模块综合实训Ⅰ”项目说明书

酒店与会展模块综合实训

×× 年秋季学期

（起止时间：第 ×× 周～第 ×× 周）

×× 年 ×× 月

一、项目概览

该二级项目根据旅游专业特点，通过学生学习第三学期酒店与会展模块包括的各个三级项目课程，专业综合实训采用角色扮演＋虚拟任务设置的教学方法，学生模拟酒店、会展机构从业者的身份按给出的实训方案对实训学习环节自行进行任务设计。通过由学生代表酒店及会展企业、机构的员工提出虚拟任务、调研、问题分析、设计策划方案、整理方案、形成最终方案、成果展示等步骤，使虚拟任务得到最终解决。

二、实训目的

（1）使学生进一步掌握酒店和会展管理的基本理论与方法，较为系统地了解酒店和会展管理的基本内容，了解酒店与会展管理的基本流程和主要环节。

（2）掌握会展项目实施过程中所需的基本技能，提升学生解决实践问题的能力。

（3）具备运用酒店和会展方面的专业基础知识策划、设计、组织和实施大（中）型会展的能力。

（4）能初步运用所学知识将酒店与会展业的实际管理工作融合到一起，对酒店与会展工作在实践中的结合方式形成初步的理解和认识。

（5）培养学生搜集资料、整理资料的能力，提升学生的动手能力、语言总结能力，培养学生团结合作能力以及创新能力。

三、主要内容

（1）建立实训小组。

（2）选定虚拟任务。

（3）小组任务分解。

（4）协作完成任务，项目报告及答辩用 PPT。

四、项目研究小组的主要分工

（1）每 2 ～ 3 名学生一组，相互协作完成项目所规定的研究内容，内容可以包括但并不限于这些内容。

（2）每个小组要在项目报告中标明每个人在总体工作中的贡献、工作量权重，或者每个人负责的内容。

（3）研究内容的质量会影响到每组的最终成绩，鼓励学生自己在项目框架内选取感兴趣的研究内容进行创新和深入研究。

五、项目进程安排

时间安排：从第 19 周周一老师集中统一下发任务，学生课下准备。第 19 周周四进行总结汇报。

六、基本要求

（1）项目期间，学生必须严格遵守实验室规章制度，坚决杜绝一切可能危及安全的事件发生，同指导教师一起创造一个良好的实训环境。

（2）项目期间，严格考勤。学生必须按时参加项目研究，不准无故缺席、早退。在实训中违反实验室规章制度的学生，将暂停或取消实训资格。在项目研究中对表现突出的学生给予奖励，并记入考核成绩。

（3）做好项目研究总结，撰写报告。

七、考核方式

项目执行期间，严格考勤。学生必须按时参加项目研究，不准无故缺席、早退。在项目研究中对表现突出的学生给予奖励，并记入考核成绩。

所有参加答辩的学生必须着正装，答辩时于台前站立汇报。

每位学生的二级项目成绩由小组成绩和组内成绩两部分构成。

小组成绩由以下两个方面进行评价：

（1）项目研究报告，占项目成绩的40%。

（2）答辩成绩，占项目成绩的60%。

小组得分为组内所有学生的平均分，每位学生的得分依据其在组内的贡献，在小组平均分的基础上浮动，但最高分与最低分差值不得小于15%。组内得分由各小组成员自行讨论确定，签字后由小组组长上报。

八、研究项目报告

1. 封面

封面设计应美观大方，且至少包含以下内容：

项目名称；姓名；指导教师；日期。

2. 摘要

摘要应简明、确切地记述报告的重要内容，150字左右，摘要后应注明3～5个关键词。

3. 前言

前言简要说明项目研究报告的目的和范围，介绍相关领域所做的工作和研究的概况、研究报告的意图、预期的结果及项目组分工。

4. 研究报告正文

研究报告正文包括介绍相关项目开展的研究内容的基本原理、所采用的研究方法及相关工具；详细说明项目的方案设计；给出研究结果并讨论等。主要提纲如下：

（1）选题。

（2）项目概况。

（3）分析（结合理论）。

（4）本组视点。

5. 结论

简要总结项目的主要工作、主要结果、心得感受、主要发现，以及下一步应当开展的主要工作等。

注意：

（1）报告总字数要求 2000 字以上，字迹工整，图文规范。

（2）每个课程小组都要交单独的项目报告。

（3）各组报告所选取内容要独立完成，若严重雷同，将会严重影响成绩；同时各个小组成员也要有明确的分工和合作。

（4）要在汇报的前一天前提交研究报告电子版和纸质文档。

九、参考资料的来源

通过校园网在学校订阅的电子资料库中可以搜索到大量的相关参考资料，学生们也可到学校的图书馆查找纸质期刊资料。

十、严禁剽窃抄袭行为

发现有剽窃抄袭行为的，研究项目成绩为零。

剽窃抄袭行为主要指：

（1）从参考资料中引用有关思想或结果，但没有在报告中指明该思想或结果的出处并且没有与自己的思想或研究结果进行清晰的区分。

（2）直接拷贝别人的研究结果当作自己的研究结果。

"旅游管理专业模块综合实训II"项目说明书

网络搜索技术与旅游评价分析

××年秋季学期

（起止时间：第××周～第××周）

××年××月

一、项目概览

该二级项目通过学生学习网络爬虫技术，对社会或主流网站相关景区（企业）评价进行分析，通过适当的方法汇集从而获得企业评价相关数据。培养学生利用现代网络技术收集、整理资料，并能够对资料进行分析总结的能力，通过数据分析，观察市场或企业经营状况，提升学生理论联系实践的能力，提升学生动手能力和思考问题的能力。

二、实训目的

（1）全面掌握网络搜索技术，并进行综合分析。

（2）提高对旅游行业的认识，培养学生的专业兴趣。

（3）用所学理论知识去解释和说明旅游经济现象。

（4）培养学生的互联网思维方式。

（5）提升学生解决实践问题的能力。

（6）培养学生的搜集资料、整理资料的能力，提升学生的动手能力、语言总结能力，培养学生团结合作能力以及创新能力。

三、主要内容

（1）学习搜索技术并就某一企业（景区）评价进行数据分析。

（2）制作多媒体课件（内容包括搜索过程、理论分析及结论）。

（3）要求演示时有互动环节、有讨论部分。

（4）项目报告及答辩用 PPT。

四、项目研究小组的主要分工

（1）每 2 ～ 3 名学生一组，相互协作完成项目所规定的研究内容，内容可以包括但并不限于这些内容。

（2）每个小组要在项目报告中标明每个人在总体工作中的贡献、工作量权重，或者每个人负责的内容。

（3）研究内容的质量会影响到每组的最终成绩，鼓励学生自己在项目框架内选取感兴趣的研究内容进行创新和深入研究。

五、项目进程安排

时间安排：从第19周周一开始机房学习，下发任务，学生课下准备。第19周周五进行总结汇报。

六、基本要求

（1）项目期间，学生必须严格遵守实验室规章制度，坚决杜绝一切可能危及安全的事件发生，同指导教师一起创造一个良好的实训环境。

（2）项目期间，严格考勤。学生必须按时参加项目研究，不准无故缺席、早退。在实训中违反实验室规章制度的学生，将暂停或取消实训资格。在项目研究中对表现突出的学生给予奖励，并记入考核成绩。

（3）做好项目研究总结，撰写报告。

七、考核方式

项目执行期间，严格考勤。学生必须按时参加项目研究，不准无故缺席、早退。在项目研究中对表现突出的学生给予奖励，并记入考核成绩。

所有参加答辩的学生必须着正装，答辩时于台前站立汇报。

每位学生的二级项目成绩由小组成绩和组内成绩两部分构成。

小组成绩由以下两个方面进行评价：

（1）项目研究报告，占项目成绩的40%。

（2）答辩成绩，占项目成绩的60%。

小组得分为组内所有学生的平均分，每位学生的得分依据其在组内的贡献，在小组平均分的基础上浮动，但最高分与最低分差值不得小于15%。组内得分由各小组成员自行讨论确定，签字后由小组组长上报。

八、研究项目报告

1. 封面

封面设计应美观大方，且至少包含以下内容：

项目名称；姓名；指导教师；日期。

2. 摘要

摘要应简明、确切地记述报告的重要内容，150 字左右，摘要后应注明 3 ～ 5 个关键词。

3. 前言

前言简要说明项目研究报告的目的和范围，介绍相关领域所做的工作和研究的概况、研究报告的意图、预期的结果及项目组分工。

4. 研究报告正文

研究报告正文包括介绍相关项目开展的研究内容的基本原理、所采用的研究方法及相关工具；详细说明项目的方案设计；给出研究结果并讨论等。主要提纲如下：

（1）选题。

（2）项目概况。

（3）分析（结合理论）。

（4）本组视点。

5. 结论

简要总结项目的主要工作、主要结果、心得感受、主要发现，以及下一步应当开展的主要工作等。

注意：

（1）报告总字数要求 2000 字以上，字迹工整，图文规范。

（2）每个课程小组都要交单独的项目报告。

（3）各组报告所选取内容要独立完成，若严重雷同，将会严重影响成绩；同时各个小组成员也要有明确的分工和合作。

（4）要在汇报的前一天前提交研究报告电子版和纸质文档。

九、参考资料的来源

通过校园网在学校订阅的电子资料库中可以搜索到大量的相关参考资料，学生们也可到学校的图书馆查找纸质期刊资料。

十、严禁剽窃抄袭行为

发现有剽窃抄袭行为的，研究项目成绩为零。

剽窃抄袭行为主要指：

（1）从参考资料中引用有关思想或结果，但没有在报告中指明该思想或结果的出处并且没有与自己的思想或研究结果进行清晰的区分。

（2）直接拷贝别人的研究结果当作自己的研究结果。

“旅游管理专业模块综合实训Ⅲ”项目说明书

旅游规划与开发

×× 年春季学期

（起止时间：第 ×× 周～第 ×× 周）

×× 年 ×× 月

一、项目概览

该课程研究项目要求学生根据所学的旅游规划相关的理论和方法对旅游规划的相关内容进行模拟实践。学生将组成规划小组，自己选择或者老师提供规划的区域，通过小组讨论形成完整的规划编制工作方案，对选定区域按照旅游规划的程序和内容进行分析与策划，并形成规划文本的撰写，最后形成规划报告并进行答辩。

二、实训目的

（1）熟悉旅游规划与开发管理的基本流程和主要环节。

（2）能够利用旅游规划与开发的相关理论知识进行旅游项目的具体内容规划。

（3）能够进行旅游项目规划的文本撰写。

（4）树立团队意识，能够与他人进行良好的沟通与协作。

（5）培养学生系统思维和科学分析的能力。

（6）培养学生的项目组织与管理能力、交流表达能力。

三、主要内容

1. 实训任务的布置

使学生明确本次实训的目的，了解实训的内容，树立团队意识。

（1）实训动员。

（2）实训小组划分。

（3）实训任务确定。

（4）旅游规划的基本内容及流程的熟悉。

2. 旅游规划资料搜集与整理

使学生能利用旅游资源调查表进行资源的调查，利用旅游资源的评价方法进行定性和定量的评价。

（1）旅游规划资料调查计划制订。

（2）旅游资料的搜集。

（3）旅游资源的分析与评价。

3. 旅游规划相关内容的规划与设计

使学生掌握规划区域的规划内容及熟悉规划的方法。

（1）确定规划区域的规划大纲。

（2）按照大纲对相关内容进行规划和设计。

4. 实训项目成果汇报、评审和修改

使学生了解旅游规划的评审重点和修改程序，明确旅游规划成果汇报包括的内容。

（1）制作成果汇报的 PPT。

（2）成果汇报与答辩。

（3）规划文本的修改。

四、项目研究小组的主要分工

（1）每 5 ～ 6 名学生一组，相互协作完成项目所规定的研究内容，内容可以包括但并不限于这些内容。

（2）每个小组要在项目报告中标明每个人在总体工作中的贡献、工作量权重，或者每个人负责的内容。

（3）研究内容的质量会影响到每组的最终成绩，鼓励学生自己在项目框架内选取感兴趣的研究内容进行创新和深入研究。

五、项目进程安排

时间安排：本学期第 19 周。

项目实训内容及时间安排见下表。

项目实训内容及时间安排

序号	实训内容	学时
1	旅游规划的基本内容及流程的介绍，小组的划分及旅游规划项目区域和规划内容的确定	4
2	旅游规划资料的搜集、分析与整理	4
3	旅游规划提纲的确定及规划内容的策划	16

（续表）

序号	实训内容	学时
4	旅游规划文本的撰写	6
5	旅游规划成果汇报和评审	8
6	旅游规划文本的修改	2
合计		40

六、基本要求

（1）项目期间，学生必须严格遵守实验室规章制度，坚决杜绝一切可能危及安全的事件发生，同指导教师一起创造一个良好的实训环境。

（2）项目期间，严格考勤。学生必须按时参加项目研究，不准无故缺席、早退。在实训中违反实验室规章制度的学生，将暂停或取消实训资格。在项目研究中对表现突出的学生给予奖励，并记入考核成绩。

（3）做好项目研究总结，撰写报告。

七、考核方式

项目执行期间，严格考勤。学生必须按时参加项目研究，不准无故缺席、早退。在项目研究中对表现突出的学生给予奖励，并记入考核成绩。

成绩共 100 分，根据学生的平时表现、学生的成果汇报、实训报告进行综合评定成绩。包括三部分：

（1）平时表现 20 分。每缺勤一次扣 3 分，无故缺勤 3 次者，取消本实训的考核，且没有补修的机会。

（2）成果汇报和评审 60 分，要求学生按照实训项目分组进行调研和规划，撰写规划文本，并利用 PPT 进行规划成果的汇报说明。

（3）实训报告 20 分，根据学生上交的实训报告，从格式、内容等方面给出评价。

具体评分规则见下表。

“旅游管理专业综合实训”课程成绩评定标准

序号	评定条目	评定标准	备注
1	平时表现（20 分）	（1）规划流程中的表现，10 分 （2）平时实训的表现，10 分 （3）缺勤 1 次，扣 3 分；无故缺勤 3 次以上，取消本次课程成绩	
2	成果汇报和评审（60 分）	（1）规划内容，40 分 （2）演讲答辩，20 分	
3	规划文本报告（20 分）	（1）依据规划文本的格式、内容等计算，10 分 （2）组内学生分工贡献，10 分	

注：上述各个环节，个人的表现将会直接影响全组成绩。不参加实训项目的学生本门课程记零分。

八、实训项目报告

1. 封面

封面设计应美观大方，且至少包含以下内容：

项目名称；姓名；指导教师；日期。

2. 前言

前言简要说明项目实训报告的目的和范围，介绍相关领域所做的工作和研究的概况、实训报告的意图、预期的结果及项目组分工。

3. 实训报告正文

实训报告正文包括旅游规划的主要内容、标书等。

4. 答辩记录和修改意见

注意：

（1）报告总字数要求 5000 字以上，字迹工整，图文规范。

（2）每个课程小组都要交单独的项目报告。

（3）各组报告所选取内容要独立完成，若严重雷同，将会严重影响成绩；同时各个小组成员也要有明确的分工和合作。

（4）要在汇报的前一天前提交研究报告电子版和纸质文档。

九、参考资料的来源

通过网络可以搜索到大量的相关参考资料。

十、严禁剽窃抄袭行为

发现有剽窃抄袭行为的，实训项目成绩为零。

剽窃抄袭行为主要指：

（1）从参考资料中引用有关思想或结果，但没有根据所规划区域进行因地制宜的修改，与他人的现有规划创意和设计雷同。

（2）直接拷贝别人的研究结果当作自己的研究结果。

“旅游管理专业模块综合实训Ⅳ”项目说明书

旅游信息化管理实践

×× 年秋季学期

（起止时间：第 ×× 周～第 ×× 周）

×× 年 ×× 月

一、项目概览

该二级项目训练学生对旅游企业管理运营软件的使用，并学会对旅游企业管理过程进行分析与评估。学生能够理解团队中每个角色的定位及其对于整个团队的意义，在团队中做好自己承担的角色，并能与其他成员协同合作，具有一定的领导才能。培养学生在旅游实践活动中不断提供具有经济价值、社会价值、生态价值的新思想、新理论、新方法的能力，使之具有使命责任、创新开拓、坚忍执着、正直诚信的创业品质和素养。

二、实训目的

（1）掌握旅游企业管理运营软件使用方法。

（2）提高对旅游行业的认识，培养学生的专业兴趣。

（3）用所学理论知识去解释和说明旅游经济活动现象。

（4）培养学生的互联网思维方式。

（5）提升学生解决实际问题的能力。

（6）培养学生的搜集资料、整理资料的能力，提升学生的动手能力、语言总结能力，培养学生团结合作能力和创新能力。

三、主要内容

（1）第一阶段操作旅行社管理软件，第二阶段操作饭店管理软件。

（2）制作多媒体课件（内容包括搜索过程、理论分析及结论）。

（3）要求演示时有互动环节，有讨论部分。

（4）项目报告及答辩用 PPT。

四、项目研究小组的主要分工

（1）每 5 ～ 6 名学生一组，相互协作完成项目所规定的研究内容，内容可以包括但并不限于这些内容。

（2）每个小组要在项目报告中标明每个人在总体工作中的贡献、工作量权重，或者每个人负责的内容。

（3）研究内容的质量会影响到每组的最终成绩，鼓励学生自己在项目框架内选取感兴趣的研究内容进行创新和深入研究。

五、项目进程安排

时间安排：从第 18 周周一机房学习开始下发任务，学生课下准备。周五进行总结汇报。

六、基本要求

（1）项目期间，学生必须严格遵守实验室规章制度，坚决杜绝一切可能危及安全的事件发生，同指导教师一起创造一个良好的实训环境。

（2）项目期间，严格考勤。学生必须按时参加项目研究，不准无故缺席、早退。在实训中违反实验室规章制度的学生，将暂停或取消实训资格。在项目研究中对表现突出的学生给予奖励，并记入考核成绩。

（3）做好项目研究总结，撰写报告。

七、考核方式

项目执行期间，严格考勤。学生必须按时参加项目研究，不准无故缺席、早退。在项目研究中对表现突出的学生给予奖励，并记入考核成绩。

所有参加答辩的学生必须着正装，答辩时于台前站立汇报。

每位学生的二级项目成绩由小组成绩和组内成绩两部分构成。

小组成绩由以下两个方面进行评价：

（1）项目研究报告，占项目成绩的 40%。

（2）答辩成绩，占项目成绩的 60%。

小组得分为组内所有学生的平均分，每位学生的得分依据其在组内的贡献，在小组平均分的基础上浮动，但最高分与最低分差值不得小于 15%。组内得分由各小组成员自行讨论确定，签字后由小组组长上报。

八、研究项目报告

1. 封面

封面设计应美观大方，且至少包含以下内容：

项目名称；姓名；指导教师；日期。

2. 摘要

摘要应简明、确切地记述报告的重要内容，150 字左右，摘要后应注明 3 ～ 5 个关键词。

3. 前言

前言简要说明项目研究报告的目的和范围，介绍相关领域所做的工作和研究的概况、研究报告的意图、预期的结果及项目组分工。

4. 研究报告正文

研究报告正文包括介绍相关项目开展的研究内容的基本原理、所采用的研究方法及相关工具；详细说明项目的方案设计；给出研究结果并讨论等。主要提纲如下：

（1）选题。

（2）项目概况。

（3）分析（结合理论）。

（4）本组视点。

5. 结论

简要总结项目的主要工作、主要结果、心得感受、主要发现，以及下一步应当开展的主要工作等。

注意：

（1）报告总字数要求 2000 字以上，字迹工整，图文规范。

（2）每个课程小组都要交单独的项目报告。

（3）各组报告所选取内容要独立完成，若严重雷同，将会严重影响成绩；同时各个小组成员也要有明确的分工和合作。

（4）要在汇报的前一天前提交研究报告电子版和纸质文档。

九、参考资料的来源

通过校园网在学校订阅的电子资料库中可以搜索到大量的相关参考资料，学生们也可到学校的图书馆查找纸质期刊资料。

十、严禁剽窃抄袭行为

发现有剽窃抄袭行为的，研究项目成绩为零。

剽窃抄袭行为主要指：

（1）从参考资料中引用有关思想或结果，但没有在报告中指明该思想或结果的出处并且没有与自己的思想或研究结果进行清晰的区分。

（2）直接拷贝别人的研究结果当作自己的研究结果。

第五章 一级项目——毕业设计（论文）工作实施方案

经济管理学院
本科生毕业设计（论文）工作实施方案

毕业设计（论文）是本科生教育的最后一个环节，毕业设计（论文）的质量反映着学生掌握理论的扎实程度和分析问题、解决问题的能力，同时也是本科阶段教育质量和人才培养目标达成度的重要体现。为规范各环节的工作，切实提高毕业设计（论文）质量，特制订本方案。

一、毕业设计的组织与管理

（一）学院本科毕业设计（论文）工作领导小组

学院成立本科毕业设计（论文）工作领导小组。主管教学工作副院长为组长，各系正、副主任，院督导组成员及教务科科长为小组组员，教务科负责老师为秘书。

（二）学院的职责

学院的主要职责：

（1）开展毕业设计（论文）的专题讲座。

（2）检查学院毕业设计（论文）各节点考核工作。

（3）检查学院毕业设计（论文）答辩工作。

（4）答辩前毕业论文格式审核的组织开展。

（5）负责学院毕业设计（论文）经费的管理。

（6）评选优秀毕业设计（论文）上报工作。

（7）负责毕业设计论文及相关材料的存档工作等。

（三）各系的职责

各系负责直接组织和指导学生进行毕业设计（论文）工作，其主要任务是:

（1）审核确定毕业设计（论文）指导教师资格，组织学生分配工作。

（2）负责组织学生的毕业设计选题工作，审核确定毕业设计（论文）题目、按各节点要求制定详尽的节点考核办法，考核指标应反映“专业毕业要求及指标点”。

（3）检查学生毕业设计（论文）进度、质量和纪律，检查指导教师对学生的指导情况。

（4）提出毕业设计（论文）答辩委员会成员名单。

（5）组织审查学生的答辩资格，进行毕业设计（论文）的评阅、答辩工作。

（6）推荐优秀毕业设计（论文）上报学院。

（7）保管毕业设计（论文）各阶段的原始资料，上报毕业设计（论文）工作总结，提交当年毕业论文分析报告。

（四）指导教师的职责

（1）毕业设计（论文）的指导教师必须具有一定的学术水平和实践经验，一般应由中级以上职称的人员担任。

（2）指导教师负责提出毕业设计（论文）的课题，经各专业（方向）负责人审查确定后，要及时做好准备工作，并为学生下发任务书。

（3）指导教师要抓好关键环节的指导。重视对学生独立分析、解决问题能力的培养，调动学生的积极性，启迪学生的创新意识。

（4）指导教师必须保证指导时间，每周不少于 2 次，每次不少于 1 小时。指导教师在指导毕业设计（论文）期间，如确有特殊情况不能有效开展毕业论文指导工作，保证学生毕业论文写作质量，需个人提出申请，经系主任审核，学院同意，教务处批准，由专业负责人委托其他教师代为指导。

（5）指导教师要严格要求学生，定期按进度计划对学生的毕业设计（论文）进行检查，检查中对发现的问题及时解决，严格请假制度。

（6）指导教师应对学生论文质量及撰写格式严格把关。

（7）指导教师未能按时提交相关材料或审批的，将予以一定的处罚。

（8）对于在外地进行毕业设计（论文）工作的学生，指导教师和学生之间可以通过电话联系、电子邮件、QQ 交流等方式进行交流讨论，学生要将相关交流资料及时保存，以作为其平时成绩的核定依据，返校答辩后统一打印存档。

注：本届毕业设计（论文）工作将利用“毕业设计管理平台”对各节点的考核时间进行控制。指导教师必须按照规定的时间，在“毕业设计管理平台”上完成每个时间节点考核材料（开题报告、中期考核材料、论文初稿等）的审核。未能按时审核者，不能进行下一环节的任何操作，需由指导教师本人提交书面说明，经系主任和教学院长签字确认后交教务处开通操作权限。

二、学生做毕业设计（论文）的条件与要求

（1）学生必须完成教学计划规定的全部理论教学及各种实践教学环节的学习任务，并取得相应学分，方可做毕业设计（论文）。

（2）学生应根据指导教师下达的任务书要求，综合运用所学知识解决实际问题，并结合毕业设计，努力学习，不断获取新知识，提高独立分析问题和解决问题能力。

（3）学生必须参加毕业设计（论文）的各个训练环节，不得弄虚作假或抄袭他人成果。学生应主动接受教师的检查和指导，定期（不得少于 1 次 /2 周）向教师汇报工作进度，听取教师对工作的意见和指导。毕业设计（论文）主要工作有：

①按计划完成毕业设计（论文）各节点相应任务。

②开题报告。学生应完成文献综述、方案论证和毕业设计（论文）进度计划。

③中期检查。学生应完成不少于 70% 的写作内容。

④撰写毕业论文并参加答辩。

注：本届毕业设计（论文）工作将利用“毕业设计管理平台”对各节点的考核时间进行控制。学生须于规定的时间节点之前，在“毕业设计管理平台”上传每个节点要求提交的考核材料（开题报告、中期考核材料、论文初稿等），并根据指导教师的审核意见进行修改，且在规定时间内完成初稿，逾期未能完成者将予以一定的处罚。

（4）学生在毕业设计（论文）工作期间应严格遵守考勤制度。

三、毕业设计（论文）选题要求

毕业设计（论文）的内容应属于学生所学专业的范围，指导教师在选择毕业设计（论文）课题时应遵循以下原则：

（1）指导教师应认真学习领会 OBE 理念，拟定毕业设计（论文）题目。课题必须符合专业培养目标，结合实际以研究现实问题为主，鼓励教师以自己的课题项目作为学生选题来源。选题的难度和工作量应适合学生的知识能力和相应的实验条件。

（2）毕业设计（论文）课题由指导教师申报，经各系负责人审定，最后由各系负责人确定学生的毕业设计（论文）课题。课题的申报与审定于每年的 1 月第一周内完成。

（3）指导教师应严格控制课题的重复率。学生自选题目数不得超过指导学生的 20%。

（4）毕业设计（论文）可以选择调研报告的形式。

调研报告的选题必须符合专业培养目标，结合实际以研究现实问题为主。调研报告应针对具体企业，以问题为导向，目标明确、数据翔实，采用一定的模型和定量方法进行数据分析，有可信的结果，提出可行的对策建议。其研究结果应对企业有参考价值，并得到企业的认可，以单位采纳意见、评语并加盖法人公章为依据。

四、毕业设计（论文）过程管理

本科毕业生毕业设计（论文）工作分为以下六个阶段：

（一）启动阶段（第1周前）

结合学校通知要求，各专业完成动员、指导教师遴选、课题征集及审查、学生选题、任务书下达等工作，且完成指导学生文献查阅等开题准备工作。

（二）开题阶段（第4周前）

各专业负责组成开题答辩组，依据各自考核办法具体要求完成开题答辩等工作；学院领导小组负责组织开题阶段检查，严格审核毕业设计（论文）前期材料，审核课题的研究方法、方案及实现途径等是否科学合理。

开题检查要点（各专业可根据各自考核办法进行细化或微调）：

（1）开题考核答辩时间每名学生约10～15分钟（包括学生PPT汇报讲解时间）。

（2）检查学生的方案论证，判断是否已充分理解课题的内容和要求。

（3）进度计划是否切实可行。

（4）是否具备毕业设计（论文）所要求的基础条件。

（5）开题报告是否论证充分合理。

（6）出勤情况及学习态度等方面。

（三）实施阶段（第10周前）

学生进行课题的实验、设计、调研及结果的处理与分析、论证等，完成毕业设计说明书或论文写作的初稿。在此期间，指导教师要加强对学生学术研究方法的指导，培养学生良好的学术道德及严谨的学术规范，认真对待自己的研究，实验结果、调研数据等要真实，严禁伪造、杜绝抄袭。学院组织各专业依据各自考核办法完成毕业设计（论文）的中期检查工作。

中期检查要点（各专业可根据各自考核办法进行细化或微调）：

（1）中期考核答辩时间为每名学生约15～20分钟（包括学生PPT汇报讲解时间）。

（2）是否按计划完成规定的工作，所遇到的困难能否克服。

（3）毕业设计任务完成的质量。

（4）学生分析问题与解决问题的能力、创新能力、学习态度及团队合作能力等方面。

（四）完善阶段（第 15 周前）

进行毕业设计（论文）的指导教师审阅、评阅人评阅、查重检测和内容格式等修改完善工作。指导教师对学生毕业设计（论文）质量负主要责任，严格审阅，杜绝出现文字、数据、图标、格式等低级错误。

注：本届毕业设计增加了“格式审查”环节，论文初稿须在第 15 周周末前提交。在答辩前 2 天，进行二次抽查（20%）。电子版和纸质版核对。

（五）答辩阶段（第 17 周）

学生毕业设计（论文）最终稿上传，学院组织各专业依据各自考核办法完成毕业设计（论文）的答辩和最终成绩评定工作。对毕业生的答辩资格进行审查，合格者方允许参加答辩。各专业要规范毕业设计（论文）答辩程序，组成 3 人或 5 人的答辩小组，采取指导教师回避制，鼓励各专业聘请校外专家参加毕业设计（论文）答辩。

答辩检查要点（各专业可根据各自考核办法进行细化或微调）：

（1）每名学生答辩时间为 20 ～ 30 分钟左右（包括学生 PPT 汇报讲解时间）。

（2）主要考核毕业设计（论文）完成的质量、工作量的饱满程度及难度、学生分析与解决问题的能力、答辩情况，以及学习态度等方面。

（3）答辩会上的提问应围绕毕业设计课题进行，重在考核学生分析、解决实际问题的能力，以及对基础理论、基本知识和基本技能的掌握程度。

（六）总结阶段（第 20 周前）

各专业要认真做好毕业设计（论文）的分析和总结工作，做好各类资料的收集、整理和归档工作。各专业应重视毕业设计（论文）工作的总结，避免流于形式，总结内容主要包括选题情况分析、毕业设计（论文）组织与管理工作情况、指导教师的指导情况考评汇总、存在的主要问题及今后工作设想等。

五、毕业设计（论文）成绩评定及要求

（一）成绩组成及分布

本科生毕业设计（论文）成绩由开题、中期、毕业答辩三部分组成。打分表应反映专业毕业要求及指标点。各专业应根据实际情况和各阶段的主要考核内容来制定自己的评分细则，并上报院教务科存档。学校统一规定各节点成绩分值，即开题占 20 分，中期占 30 分，毕业答辩占 50 分。各专业毕业设计（论文）考核小组必须对每名学生每个节点进行考核并给出成绩，且每个专业每个节点考核成绩优秀（即百分制≥ 90 分或等级制 A 及 A+）的学生不超过本专业人数的 20%，成绩中等及以下（即百分制≤ 74 分或等级制 C 及以下）的学生不低于本专业人数的 10%。

（二）节点考核要求

原则上，每名学生必须参加毕业设计（论文）各节点考核。如确实因某些不可抗因素导致开题考核节点不能返校的，必须向指导教师提出申请，经系主任同意，报学院教务科备案。并应提前将开题报告、中期检查及用于汇报的 PPT 文档（电子版）发给指导教师。考核组根据学生所提交的文档材料进行考核，所得成绩按实际考核成绩的 75% 折算。

无故不参加节点考核的学生，节点考核成绩为 0 分。学生任何一个节点的考核不及格（即开题＜ 12 分，中期＜ 18 分，毕业答辩＜ 30 分）的，在每次考核 2 周后，由各专业再次组织考核：若考核及格，学生可以进行下一阶段的毕业设计（论文）；若考核仍不及格，则该生不可以进行下一阶段的毕业设计（论文），毕业设计（论文）总成绩为不及格。

各专业二次答辩率不得低于 3%，二次答辩需在第 19 周内完成。

二次答辩不及格的学生，经认真修改和补充，指导教师和专业系主任认为达到了专业毕业论文写作要求，在 2 个月（当年 9 月份）至 1 年（下一年度 7 月份）内可申请毕业设计（论文）补答辩。

各专业要在每次节点考核后的 1 周内登录成绩，并做好成绩评定相关材料的存档工作。

（三）学术不端检测

为规范学位论文管理，引导学生科学引用文献资料，杜绝毕业设计（论文）教学过程中的抄袭、篡改等学术不端现象的发生，按照学校要求，学院在答辩前对全体学生毕业设计（论文）进行检测。

初检：检测重复比超过 30% 的论文必须修改，超过 50% 的学生，取消毕业答辩资格。对于初测不合格的学生，原则上再给予一次检测机会，并经指导教师同意、学院审定后才能参与毕业设计（论文）答辩。

复检：复检由教务处组织，教务处将对初测 30% ～ 50% 的和拟推荐校优的毕业设计（论文）进行全部检测。学生参加检测的毕业设计（论文）电子版必须与提交的答辩纸质版本一致，且内容必须完整，否则取消学生毕业资格。

（四）优秀毕业设计（论文）推荐

根据学校分配的优秀毕业设计（论文）名额，学院按各专业毕业生人数比例将推优名额分配至各专业，各专业根据《×× 大学本科生优秀毕业设计（论文）评选办法》推荐本专业的校级优秀毕业设计（论文）。被推荐学生须填写本科生优秀毕业设计（论文）申报表，并由学院进行资格审批，审批通过后上报学校。学校组织有关专家对各学院推荐的本科生优秀毕业设计（论文）进行评选，评选结果以文件方式公布，并为学生颁发证书。

六、毕业设计（论文）的规范

（一）毕业论文模板

见附录。

（二）毕业设计（论文）具体工作量要求

（1）毕业设计报告或论文的撰写字数不低于 12000 字（基础理论可取消，各系自己把握）。

（2）参考文献 25 篇以上，外文文献不低于 5 篇，近 3 年文献不低于 30%。教材、报纸、网站不计入总数。

七、毕业设计（论文）的考核

毕业设计（论文）各节点完成情况计入各系运行情况考核，晚完成 1 天，扣 0.1 分，累积计算。考核结果与教学经费分配挂钩。

下篇

实训平台

第六章　跨专业综合实习平台实践课程的设计与实施

一、跨专业综合实习课程简介

跨专业校内综合实习平台是模拟现实仿真经济社会中制造型企业的全业务链过程——跨整个企业业务管理，并与周边供应商、现代金融服务、现代政务服务、现代公共服务、现代商务服务、现代个人服务业等多方面集成，形成仿真环境。在教学过程中可根据教学需求而改变市场与各种经营参数。实验室可以模拟企业解决经营、决策、业务等问题，采用业务驱动的开发方法，以及实现业务、操作和开发团队的统一，从而使实验室可以实现学院跨专业级别所拥有专业的业务链接，并且实际推动教学、实验环节的发展。

跨专业综合实习平台模拟仿真了商业社会的基本环境，涵盖了基本的组织机构类型，包括：工商局、税务局、银行、会计师事务所、制造企业、贸易企业等机构。采用连续集中、分散集中、半集中的教学形式，通过博弈、实景、角色扮演、协作、讨论、激励、验证、研讨等多种实训方法。经过组建经营团队、筹建公司和机构、岗位角色模拟，完成部门协作、企业经营、供应链竞合、服务业协同四大类仿真实习，从知识、能力、职业素养三方面进行综合评价，最终形成各阶段实习成果。

该课程以模拟企业解决经营、决策、财务等问题，采用业务驱动的授课方法，以及实现业务、操作和教学知识点的统一。因此，从这些意义上说，该课程可以实现旅游专业与经济管理相关专业的业务链接，并且实际推动教学、实验、实训环节的发展。这样，从该课程的性能分析来看，由于课程采用的软件是基于先进软件系统开发和业务需求分析理念设计的，且其良好的可操作性，在系统开发方面有优异的性能、成功的应用、丰富的经验，可使我们在教学上不但能够紧跟国际的技术流行趋势，更能做到实践教学与社会需求和发展变化相一致，对于旅游管理专业学生技能的培养有着极其重大的意义。

二、教学团队组织架构

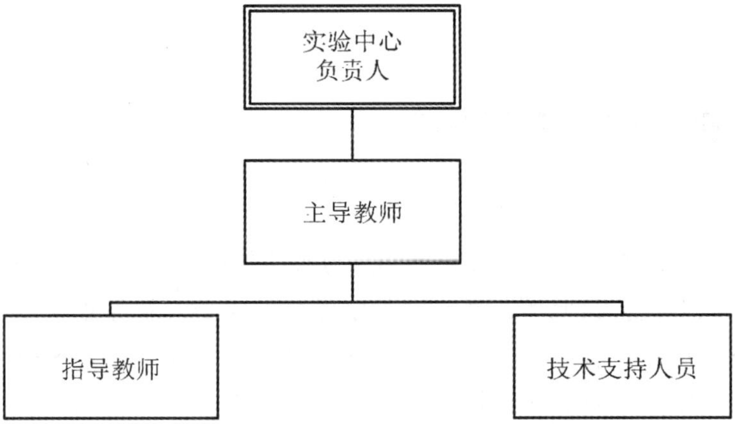

图 1　教学团队组织架构

（一）课程主导教师

课程主导执行者，需要具备较强的责任心、创新能力、总结汇报能力，具备一定的文案功底，掌握“方宇跨专业综合实习平台”所有业务操作，能够合理安排教学团队人员教学指导任务分工，有沙盘教学经验及企业任职经验教师为先。

主要负责：课程设计、教学组织、课程安排、模式创新、教学环境设计、课程进度控制、教学过程指导、课堂秩序督导（学生纪律及场地卫生等日常管理）。

（二）课程支持教师

有相关专业知识背景，对实验教学有浓厚的教学兴趣，能够带领学生进入工作状态，一般建议由各专业任教教师、新聘年轻教师、成绩优异的留校生担任，需掌握“方宇跨专业综合实习平台”业务操作。有沙盘教学经验及企业任职经验教师为先。

主要负责：辅助主导教师进行课程设计与创新，日常教学过程指导监督，对专业性较强的领域进行咨询（例如：财务、税务、国贸等专业）、课堂秩序督导。

三、“创业与经营实训”课程教学组织与安排

日期	开始时间	结束时间	任务事件	主要负责人
第一天	8:00	8:45	课程动员会 + 课程体系介绍	任课教师
	8:45	9:45	CEO 竞聘演讲环节	任课教师
	9:45	11:00	企业机构制作招聘海报、简历制作； 企业模拟招聘会及团队组建	任课教师 实验教师
			实验指导书、课程所需各种表单册及模板的印刷与分发；海报纸、水彩笔、纸张等教具的准备与分发	实验教师
			招聘海报排序、打分	任课教师
	13:30	14:00	企业注册操作流程讲解	实验教师
	14:00	16:30	桌牌、营业执照、开户许可证等教具的印制与分发	实验教师
			企业注册 /LOGO 设计	任课教师 实验教师
第二天	8:00	9:00	企业经营规则操作流程讲解	任课教师 实验教师
	9:00	10:00	企业运营第一季度	任课教师 实验教师
	10:00	11:00	企业运营第二季度	任课教师 实验教师
	13:30	14:20	企业运营第三季度	任课教师 实验教师
	14:20	15:00	企业运营第四季度	任课教师 实验教师
	15:00	16:00	LOGO 设计评选大赛	政务中心（学生）
	16:00	16:30	课程总结（经营规则如何影响经营业绩）	任课教师
			线上操作部分成绩导出； 实训相关材料及教具的收集与整理	实验教师
第三天			核算并登录成绩	任课教师

注意事项：

（1）为使学生更深入地理解创业实训的内容及更有效地回答学生的问题，尽管课程教学组织有分工，还请每位老师（包括任课教师和实验教师）务必将创业实训的理论及上机操作全部熟练掌握。

（2）任课教师和实验教师要全程指导学生完成实训。

（3）上述时间和内容安排仅供参考，任课教师和实验教师可根据实际情况酌情调整，积累经验，逐渐完善。

四、“创业与经营实训”课程相关表格

名称预先核准委托书

本人 张三，接受投资人（合伙人）委托，现向登记机关申请名称预先核准，并郑重承诺：如实向登记机关提交有关材料，反映真实情况，并对申请材料实质内容的真实性负责。

委托人（投资人或合伙人之一）　　申请人（被委托人）

（签字或盖章）李四　　　　　　　（签字）　张三

申请人身份证明复印件粘贴处 （身份证明包括：中华人民共和国公民身份证（正反面）、护照（限外籍人士）、长期居留证明（限外籍人士）、港澳永久性居民身份证或特别行政区护照、台湾地区永久性居民身份证或护照、台胞证、军官退休证等）

联系电话：137××××××29　　　　邮政编码：100000

通信地址：北京市海淀区　　　　申请日期：××××年××月

注：

①委托人可以是本申请书第3页“投资人（合伙人）名录”表中载明的任一投资人（合伙人）。委托人是自然人的，由本人亲笔签字；委托人为非自然人的，加盖其公章；委托人为外方非自然人的，由其法定代表人签字。

②申请人（被委托人）是指投资人委托到登记机关办理名称预先核准的自然人，也可以是投资人（合伙人）中的自然人，由后者亲自办理的，无须委托人签字。

名称预先核准申请书

<table>
<tr><td>申请名称</td><td colspan="4">北京友谊科技有限公司</td></tr>
<tr><td rowspan="3">备选字号</td><td>1</td><td></td><td>4</td><td></td></tr>
<tr><td>2</td><td></td><td>5</td><td></td></tr>
<tr><td>3</td><td></td><td>6</td><td></td></tr>
<tr><td>主营业务</td><td colspan="4"></td></tr>
<tr><td rowspan="2">企业类型</td><td colspan="4">○合资经营企业○港澳台个体工商户○股份有限公司○合伙企业○有限责任公司○股份合作○个人独资企业○外资企业○集体所有制企业○个体工商户○合作经营企业○农民专业合作组织○全面所有制企业</td></tr>
<tr><td colspan="4">○分支机构</td></tr>
<tr><td>字号许可方式（无此项可不填写）</td><td colspan="2">○投资人字号 / 姓名许可
○商标授权许可
○非投资人字号许可</td><td>许可方名称（姓名）及证照或证件号码</td><td></td></tr>
<tr><td>注册资本（金）或资金数额或出资额（营运资金）</td><td colspan="4">（小写）人民币 1000 万元（如为外币请注明币种）
制造企业 1000 万元
商贸企业 2000 万元
其他机构 200 万元</td></tr>
<tr><td>备注说明</td><td colspan="4"></td></tr>
</table>

注：

①申请名称：行政区域＋字号＋行业特征＋组织形式，例如：北京无敌科技有限公司，“无敌”就是其中的字号并且也是它的名字，备选字号就是需要多写几个名字，以免重复。

②“主营业务”是指企业所从事的主要经营项目。例如：信息咨询、科技开发等。企业名称中的行业用语表述应当与其“主营业务”一致。主营业务包括两项及以上的，以第一项主营业务确定行业用语。

③填写“企业类型”栏目时，请在相应选项对应的“○”内打“√”，“√”选“分支机构”类型的，请对其所从属企业的类型也进行“√”选。例如：北京华达贸易有限公司分公司的“企业类型”请选择有限责任公司和分支机构两种类型。

④本申请表中所称企业均包括个体工商户。

投资人（合伙人）名录

序号	投资人（合伙人）名称或姓名	投资人（合伙人）证照或身份证件号码	投资人（合伙人）类型	拟投资额（出资额）（万元）	国别（地区）或省市（县）
1	张三	身份证 / 学号	企业法人	1000	北京
2					
3					
4					
5					
6					

注：
①请您认真阅读《投资办照通用指南及风险提示》中有关投资人资格的说明，避免后期更换投资人给您带来不便。
②投资人（合伙人）名称或姓名应当与资格证明文件上的名称或身份证明文件的姓名一致，境外投资人（合伙人）名称或姓名应翻译成中文，填写准确无误。申请设立分支机构，请在“投资人（合伙人）名称或姓名”栏目中填写所隶属企业名称。
③“投资人（合伙人）类型”栏，填自然人、企业法人、事业法人、社团法人或其他经济组织。
④“国别（地区）或省市（县)”栏内，外资企业的投资人（合伙人）填写其所在国别（地区），内资企业投资人（合伙人）填写证照核发机关所在省、市（县）。
⑤本页填写不下的可另复印填写。

一次性告知记录

您提交的文件、证件还需要进一步修改或补充，请您按照第__号一次性告知单中的提示部分准备相应文件，此外，还应提交下列文件：

被委托人：张三　　受理人：工商局人员　　时间：×××× 年 ×× 月 ×× 日

内资公司设立登记申请书

公司名称：北京友谊科技有限公司

郑重承诺

本人 张三 拟任 北京友谊科技有限公司（公司名称）的法定代表人，现向登记机关提出公司设立申请，并就如下内容郑重承诺：

1. 如实向登记机关提交有关材料，反映真实情况，并对申请材料实质内容的真实性负责。

2. 经营范围涉及照后审批事项的，在领取营业执照后，将及时到相关审批部门办理审批手续，在取得审批前不从事相关经营活动。需要开展未经登记的后置审批事项经营的，将在完成经营范围变更登记后，及时办理相应审批手续，未取得审批前不从事相关经营活动。

3. 本人不存在《公司法》第一百四十六条所规定的不得担任法定代表人的情形。

4. 本公司一经设立将自觉参加年度报告，依法主动公示信息，对报送和公示信息的真实性、及时性负责。

5. 本公司一经设立将依法纳税，自觉履行法定统计义务，严格遵守有关法律法规的规定，诚实守信经营。

法定代表人签字：张三

×××× 年 ×× 月 ×× 日

登记基本信息表

公司名称	北京友谊科技有限公司		
住所	北京 市 海淀区（县）001（门牌号）		
生产经营地	北京 省（区、市）北京 市 海淀 县 001（门牌号）		
法定代表人	张三	注册资本	制造 1000 万元 贸易 2000 万元 其他机构 200 万元
公司类型	有限责任公司		
经营范围	手机生产与销售		
经营期限	长期 / 20 年	申请副本数	1 份
股东（发起人）名称或姓名	张三		

法定代表人、董事、经理、监事信息表

股东在本表的盖章或签字视为对下列人员职务的确认。如可另行提交下列人员的任职文件，则无须股东在本表盖章或签字。

<table>
<tr><td rowspan="2">姓名</td><td rowspan="2">现居所</td><td colspan="3">职务信息</td><td rowspan="2">是否为法定代表人</td><td rowspan="2">法定代表人移动电话</td></tr>
<tr><td>职务</td><td>任职期限</td><td>产生方式</td></tr>
<tr><td>张三</td><td>北京</td><td>董事长</td><td>20 年</td><td>选举</td><td>√</td><td>137×××××××9</td></tr>
<tr><td></td><td></td><td></td><td></td><td></td><td></td><td></td></tr>
<tr><td></td><td></td><td></td><td></td><td></td><td></td><td></td></tr>
<tr><td></td><td></td><td></td><td></td><td></td><td></td><td></td></tr>
<tr><td></td><td></td><td></td><td></td><td></td><td></td><td></td></tr>
<tr><td>全体股东盖章签字</td><td colspan="6">张三</td></tr>
</table>

核发营业执照情况

<table>
<tr><td>发照人员签字</td><td>工商局发照人员签名</td><td>发照日期</td><td>×××× 年 ×× 月 ×× 日</td></tr>
<tr><td>领执照情况</td><td colspan="3">本人领取了执照正本一份，副本 1 份。
签字：张三
时间：×××× 年 ×× 月 ×× 日</td></tr>
<tr><td>备注</td><td colspan="3"></td></tr>
<tr><td colspan="4">一次性报告情况
您提交的文件、证件还需要进一步修改或补充，请您按照第__号一次性告知单中的提示部门准备相应文件，此外，还应提交下列文件：

被委托人：张三　　受理人：工商局人员　　时间：×××× 年 ×× 月 ×× 日</td></tr>
</table>

纳税人税务补充信息表

统一社会信用代码	营业执照编号		纳税人名称	公司名称	
核算方式	独立核算		从业人员		
适用会计制度	企业会计制度				
生产经营地	北京 省（市/自治区）北京 市（地区/盟/自治州）海淀 县（自治县/旗/自治旗/市/区）海淀 乡（民族乡/镇/街道）村（路/社区）001 号				
办税人员	身份证件种类	身份证件号码	固定电话	移动电话	电子邮箱
姓名	身份证或者学号	2345678	1234567	234567	2345@qq.com
财务负责人	身份证件种类	身份证件号码	固定电话	移动电话	电子邮箱
姓名	身份证或者学号	2345678	1234567	234567	2345@qq.com
税务代理人信息					
纳税人识别号		名称	联系电话		电子邮箱
代扣代缴代收代缴税款业务情况					
代扣代缴、代收代缴税种		代扣代缴、代收代缴税款业务内容			
经办人签章（签字）：张三 20×× 年 ×× 月 ×× 日		纳税人公章（签字）：公司名称 20×× 年 ×× 月 ×× 日			
国标行业（主）		主行业明细行业			
国标行业（附）		国标行业（附）明细行业			
纳税人所处街乡		隶属关系		国地管户类型	
国税主管税务局		国税主管税务局（科、分局）			
地税主管税务局		地税主管税务局（科、分局）			
经办人		信息采集日期			

增值税一般纳税人资格登记表

社会信用代码（纳税人识别号）：营业执照编号　填表日期：20×× 年 ×× 月 ×× 日
纳税人名称：公司名称

法定代表人（负责人、业主）	张三	证件名称及号码	身份证或学号	联系电话	234567
财务负责人	李四	证件名称及号码	身份证或学号	联系电话	234567
办税人员	王五	证件名称及号码	身份证或学号	联系电话	234567
税务登记日期	20×× 年 ×× 月 ×× 日				
生产经营地址	营业执照上面经营地址				
注册地址	营业执照上面注册地址				
纳税人类别（单选）：○企业　○非企业型单位　○其他　○个体工商户					
主营业务类型：○工业　○其他　○服务业　○商业					
会计核算健全：○是　○不是					
一般纳税人资格生效之日：○次月 1 日　○当月 1 日					

填表说明：

1. 本表由纳税人如实填写。

2. 表中“证件名称及号码”相关栏次，根据纳税人的法定代表人、财务负责人、办税人员的居民身份证、护照等有效证件及号码填写。

3. 表中“一般纳税人资格生效之日”由纳税人自行填写。

4. 本表一式两份，由主管税务机关和纳税人留存一份。

机构信用代码申请

<table>
<tr><td colspan="2">申请机构名称</td><td colspan="7">企业名称</td></tr>
<tr><td colspan="2">注册（登记）地址</td><td colspan="7">职业执照上面的注册地址</td></tr>
<tr><td colspan="2">登记部门</td><td colspan="2">工商局</td><td colspan="4">组织机构类型</td><td>企业法人</td></tr>
<tr><td colspan="2">登记注册类型</td><td colspan="2">工商局注册类型</td><td colspan="4">登记注册号码</td><td>统一社会信用代码</td></tr>
<tr><td colspan="2">纳税人识别号（国税）</td><td colspan="2">统一社会信用代码</td><td colspan="4">纳税人识别号（地税）</td><td></td></tr>
<tr><td colspan="2">开户许可证核准号</td><td colspan="2">银行给予的编号</td><td colspan="4">组织机构代码</td><td>统一社会信用代码</td></tr>
<tr><td colspan="2">经济类型</td><td colspan="2">有限责任（公司）</td><td colspan="4">成立日期</td><td>20×× 年 ×× 月 ×× 日</td></tr>
<tr><td colspan="2">注册资本类型</td><td colspan="2">股东制 / 法人独资</td><td colspan="4">注册资本（万元）</td><td>1000</td></tr>
<tr><td colspan="2">办公（生产）地址</td><td colspan="4">营业执照注册生产地址</td><td colspan="2">联系电话</td><td>23456</td></tr>
<tr><td colspan="9">法定代表人（负责人）信息</td></tr>
<tr><td>姓名</td><td>张三</td><td>证件类型</td><td colspan="2">学号</td><td colspan="2">证件号码</td><td colspan="2">567890-09876</td></tr>
<tr><td colspan="9">上级机构（主管单位）信息</td></tr>
<tr><td colspan="2">名称</td><td colspan="2"></td><td colspan="4"></td><td></td></tr>
<tr><td colspan="2">登记注册号类型</td><td colspan="2"></td><td colspan="4">登记注册号码</td><td></td></tr>
<tr><td colspan="2">机构信用代码</td><td colspan="2"></td><td colspan="4">组织机构代码</td><td></td></tr>
<tr><td colspan="4">本机构自愿申请机构信用代码，授权经办人提出申请并承诺所提供的信息真实、有效。
经办人（签字）：张三
联系电话：5434356789
20×× 年 ×× 月 ×× 日</td><td colspan="5">受理申请商业银行名称：
经办人（签字）：商业银行名称
联系电话：23456789
20×× 年 ×× 月 ×× 日</td></tr>
</table>

开立单位银行结算账户申请书

存款人	北京友谊科技有限责任公司		电话	010-241312313
地址	北京市海淀区		邮编	311312312
存款人类别	有限责任公司	组织机构代码	营业执照上的统一社会信用代码	
法定代表人（ ） 单位负责人（ ）	姓名	张三		
	证件种类	身份证或学号	证件号码	41312312312312
行业分类	A（ ）B（ ）C（ ）D（ ）E（ ）F（ ）G（√）H（ ）I（ ） J（ ）K（ ）L（ ）M（ ）N（ ）O（ ）P（ ）Q（ ）R（ ） S（ ）T（ ）			
注册资金	独资	地区代码	31312312	
经营范围	电子产品生产、经营、研发等			
证明文件种类	营业执照	证明文件编号	3131212412414	
税务登记证编号 （国税或地税）	税务登记证编号			
关联企业	关联企业信息填列在“关联企业登记表”上			
账户性质	基本（ √ ）一般（ ）专用（ ）临时（ ）			
资金性质	日常经营	有效日期至	2016年9月4日	

以下栏目由开户银行审核后填写：

开户银行名称	北京市商业银行	开户银行机构代码	需要人民银行获批此处暂时可空白
账户名称	北京××科技有限责任公司	账号	131312
基本存款账户开户许可证核准号		开户日期	2016-9-4
本存款人申请开立单位银行结算账户，并承诺所提供的开户资料真实、有效。 存款人（公章）北京友谊科技有限责任公司 2016年9月4日	开户银行审核意见： 同意 经办人（签章）商业银行 存款人（签章）北京友谊科技有限责任公司 2016年9月4日	人民银行审核意见： 同意 经办人（签章）商业银行 人民银行（签章）人民银行 2016年9月4日	

“创业与经营实训”课程

CEO竞聘报名表

竞选部门 / 企业	报名学生姓名	最终 CEO
政务中心		
制造企业 1		
制造企业 2		
制造企业 3		
制造企业 4		
制造企业 5		
制造企业 6		
制造企业 7		
制造企业 8		
制造企业 9		
制造企业 10		
制造企业 11		
制造企业 12		
制造企业 13		
制造企业 14		
制造企业 15		
制造企业 16		
制造企业 17		
制造企业 18		
制造企业 19		
制造企业 20		

“创业与经营实训”课程

企业 Logo 评选打分表

序号	企业序号	企业名称	分数 / 票数	排名	备注
1					
2					
3					
4					
5					
6					
7					
8					
9					
10					
11					
12					
13					
14					
15					
16					
17					
18					
19					
20					

第七章　旅游业虚拟仿真实训课程的设计与实施

一、旅游业虚拟仿真实训课程简介

旅游业虚拟仿真实训是虚拟旅游商业社会环境的实训平台。该平台为高等院校、高职院校旅游类相关专业的实践教学提供基于旅游行业真实数据和高度模拟市场化的现代化教学工具，以培养学生的实践能力，促使其知识向能力转化。在本系统中，学生可体验企业创立、战略选择、产品开发、采购与销售、人力与财务管理等运营过程，从而获得企业经营管理的实操能力；了解行业分工、行业规制、竞合关系、运行机制等相关行业知识，从而增强对行业的理解与认知；锻炼团队合作、管理沟通、商务洽谈、公文写作、创业创新等职场能力，从而提升就业竞争力。本系统模拟了旅游业中旅行社、酒店、OTA 三大业态，作为学生管理运营的模拟对象；设置了由旅游业行政管理部门、景区、酒店、餐厅、保险、车队、导游及自然与社会突发事件等构成的 AI 子系统；模拟了最高可达百万级人次、具有不同需求偏好、不同消费行为特征的旅游消费者；并设计了事件与任务子系统、供需匹配子系统和企业竞争力评价子系统，用以真实模拟市场运行机制。除此之外，本系统还设置了企业财务与营销模块、学生考核子系统、师生互动交流工具等辅助性功能。

在教学上，旅游业虚拟仿真实训平台以对学生的素质能力培养为主线，通过对旅游业三大代表性业态：旅行社、酒店、OTA 的模拟，相关涉旅行业、部门如工商、税务、银行、会计师事务所、招投标相关部门、旅游局（委）的事件化提炼，以及对如景区、酒店、导游、保险、车队、餐厅、娱乐等业态的仿真，和对旅游业态中实际发生的业务流、资金流、客流、信息流的模型构建，基本形成了一个生态化、立体化的教学体系，总共涉及教学内容达53项，具体包括：

1. 旅行社实验项目

企业组建、企业战略规划、旅行社构建、旅行社产品设计、旅行社互动协约签订、旅行社线路产品设计、旅行社线路产品管理、旅行社线路产品的营销、相关产品采购、旅行社财务管理、旅行社企业管理、相关事件处理等。

2. 酒店实验项目

企业组建、企业战略规划、酒店构建、酒店产品设计和调整、酒店互动协约签订、酒店产品运营、酒店产品宣传营销、酒店客房管理、酒店财务管理、酒店管理、相关事件处理等。

3.OTA 实验项目

企业组建、企业战略规划、OTA 网站设计、互动协约签订、OTA 产品设计和 编辑、OTA 关键词设定（OTA 定位）、OTA 产品维护、OTA 产品宣传营销、OTA 广告产品设计和售卖、OTA 财务管理、OTA 管理、相关事件处理等。

4. 综合服务 & 涉旅政务部门

（1）工商：工商注册、企业年检。

（2）税务：税务登记、纳税申报。

（3）银行：银行开户、银行贷款。

（4）会计师事务所：验资、审计。

（5）招投标部门：招标。

（6）文化与旅游局（委）。

维护市场秩序、旅游产品质量监督、保护消费者权益、行业规则制定、旅游规划、酒店星级评定、旅游业经济监测、行业信息发布、组织涉旅行业人员培训等；除此之外，丰富的事件系统还为学生提供了灵活多变、种类繁多的事件与任务去处理，每个事件都如同一个具体的案例，考验学生综合利用所学知识、恰当合理应对相关事件的能力，整个事件系统涉及事件达 200 余件，任务系统涉及任务 100 余项，同时还设置了开发接口，可以随时进行其他事件与任务的制作，极大地丰富、细化了系统教学内容。

二、教学组织总体流程图

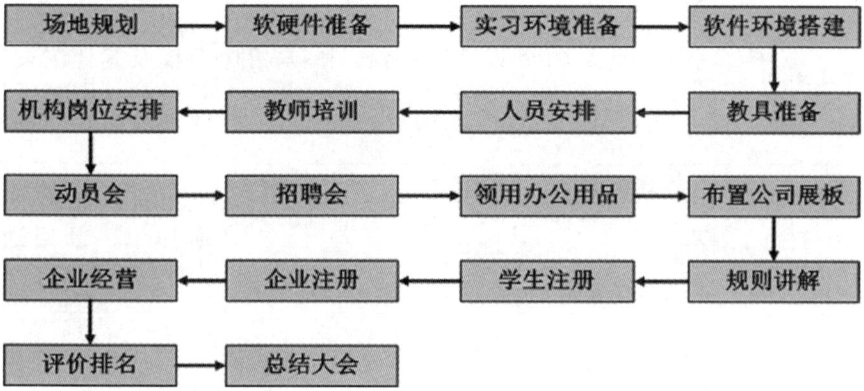

三、实训系统课程安排流程与内容

旅游业虚拟仿真实训软件区分于其他模拟性模型性教学实践软件，率先将旅游业实训模拟单位划分至天，整个实训过程以自然天（虚拟）为单位，每天可设置为不同现实时间（默认为 30 秒），系统根据真实市场环境伴随虚拟天数自动投放虚拟游客，各业态均在此环境下协调、统一运行。 实训流程一般一次实训为 2 个模拟年，包含 2×365 个模拟日，每个模拟日可根据教学需要进行设置（默认 30 ～ 40 秒），即一次实训模拟约 6 ～ 8 小时左右。

旅游业实训系统课程安排流程与内容

内容	内容解释	准备物质用品
实习动员会	系统介绍、课程意义与目标	学生手册
职业生涯指导	旅游职业生涯规划介绍	
商业计划书	商业计划书内容介绍，填写准备要求	商业计划书模板
课程规则与纪律	课程打分、奖惩考核与其他组织性纪律和注意事项	
负责人招聘	提交竞聘报名表、个人简历、竞聘演讲、现场投票，选出小组负责人 CEO 及部分公共服务职能岗位	竞聘报名表、个人简历、选票与票箱、聘书
负责人业态选择	CEO 根据要求选择旅行社、酒店、OTA 三种业态	

（续表）

内容	内容解释	准备物质用品
组建团队	小组负责人 CEO 设计公司宣传材料与招聘要求	宣传类材料（海报纸、白纸、胶水、马克笔、白板及其他渲染气氛材料）可由学生自带或提前制作好宣传材料
招聘会	1. 投递简历	学生自制简历、复试通知书、录用通知、上岗合同等
	2. 初试、复试等，采用笔试、面试等不同招聘形式、多轮招聘等	
	3. 确定公司成员	
公司筹备	分配办公区位、成立大会、安排工位、领用办公用品、布置公司	胸卡、名片、印章、工位牌、办公用表、办公用品等；用品领用表
初试软件	1. 完成用户注册	软件操作指导书
	2. 讲解软件结构与操作内容	
	3. 自由练习，熟悉软件	
阅读大环境报表	了解旅游目的地基本情况、旅游业发展背景、政策、旅游市场、旅游供给各类情况	
公司定位	根据大环境报表和 CEO 初步选择的三种业态，进行公司在业态内的具体定位，对本公司经营实力、市场定位、盈利模式、业务发展等进行明确	
公司启动	1. 设立公司章程及业务流程	各类表格模板
	2. 编写日常工作制度	
	3. 设计 LOGO	
	4. 确立公司愿景、理念及战略计划等	
	5. 填报商业计划书	
公司注册	1. 工商核名登记	相关业务单据
	2. 税务登记	
	3. 银行开户	
公司试运营	1. 进一步熟悉软件操作	
	2. 公司内部分工与调整	
	3. 竞争格局分析	
	4. 市场分析及与其他供应商合作等	

（续表）

内容	内容解释	准备物质用品
商业模拟正式环节	1. 开展业务运营（市场活动、策划活动、产品研发等）	
	2. 根据事件投放与竞争状态进行业务调整	
	3. 与其他企业合作签约	
	4. 信息投放、资料公布	
	5. 本日工作日志撰写	
	6. 季度总结与计划、年度总结与计划	
总结大会	1. 各公司总结汇报（PPT 或其他文本形式）	汇报场地、表彰证书
	2. 教师总结、评价	
	3. 成绩公布	
	4. 证书颁发	

第八章　燕山大学旅游系微信公众平台顶岗实训

一、平台创立背景

随着智能化移动设备大面积的普及，移动网络不断地升级，生活中的新媒体发展迅速。微信的诞生更是手机通信软件的新革命。近几年来微信已成为使用最广泛的移动通信工具之一。微信越来越多的功能开发正在不断地整合移动软件市场，而微信公共平台是在微信个人用户基础上，针对政府、企业、社团等机构设立的宣传平台，与其他的新媒体平台相比较，微信公共平台更加注重目标人群的精准性及线上线下的沟通。微信公共平台的出现标志着真正的互动新媒体的诞生。

2014 年 10 月，为使旅游系学生能够及时了解旅游电子商务领域前沿发展动态，掌握新媒体运营相关知识并培养良好信息素养，燕山大学旅游系微信公众平台正式创立。该平台在专业水平、推送频次、更新速度、立意与风格、原创性方面均走在同类平台前列。平台以学生顶岗实习、平台自营、内容原创自编为亮点。几年来通过在实践中的不断摸索、改进、学习，现已拥有良好的运营团队管理制度、规范化的运营模式及制度化的文章推送体系。

二、平台定位

燕山大学旅游系微信平台持续推送旅游管理专业学科前沿动态、教学信息、当前旅游业态、市场信息、就业趋势、旅游攻略、校友发展历程、校友心得及校园通知等内容，是燕山大学旅游管理专业对外进行品牌建设及文化传播的重要方式，是联系历届校友、团结旅游系师生的重要渠道。该平台以提升品牌知名度、传播旅游专业知识与文化、促进专业品牌建设、深化燕山大学校训“厚德、博学、求是”为主要定位，服务于高校旅游系在校师生、旅游从业者、旅游爱好者、旅游学术圈及旅游系校友。

平台版块内容的选取上以旅游系老师及专家学者的文章为主，力求在酒店、会展、旅行社、旅游规划等方面推送实用性较强的、出处较高端的专业分享；力求全面反映我国旅游教学理论研究与实践的最新成果。其中既有以提高师生的教学和科研水平为目的的国内教学研究介绍，又有以提高师生旅游行业敏感度为目的的旅游业前沿发展动态报道。以服务用户为目的，在旅游行业新闻资讯的介绍、旅游系就业信息的发布及旅游系重大活动的通知上，均以迅捷为第一诉求。

三、实训培养目标

该平台顶岗实训内容符合智慧旅游及旅游电子商务等相关课程的教学大纲和教学安排，不仅有利于对学生进行职业素质的强化训练，使学生了解新媒体行业及旅游管理专业相关就业方向，使学生通过该职业化模式训练增强岗位意识和岗位责任感，最大限度地提高学生职业综合素养及旅游信息素养。同时，培养学生的开拓精神和知识应用能力，掌握系统的新媒体管理知识，了解国内外旅游管理等本专业领域的理论发展趋势和现代技术分析方法，为学生未来独立从事新媒体及旅游电子商务相关工作、中小型企业（公司）信息化综合管理及部门信息化经营管理等工作提供必要的技能训练平台，符合国家旅游业发展对人才综合素质和能力的要求。

四、平台运营逻辑

在燕山大学整体文化战略的指导下，结合旅游管理专业特色、行业发展特点、校友深刻感悟、卓越专业的启示凝炼专业文化内核；其次，从旅游专业发展中的制度文化特色理念出发，以专业文化为核心内容，确定旅游专业的品牌内涵，通过微信平台从旅游专业素养、教师引领文化、旅游实践文化等各模块，传播、传承旅游专业文化，形成燕山大学旅游管理专业发展中的特色品牌。见图1。

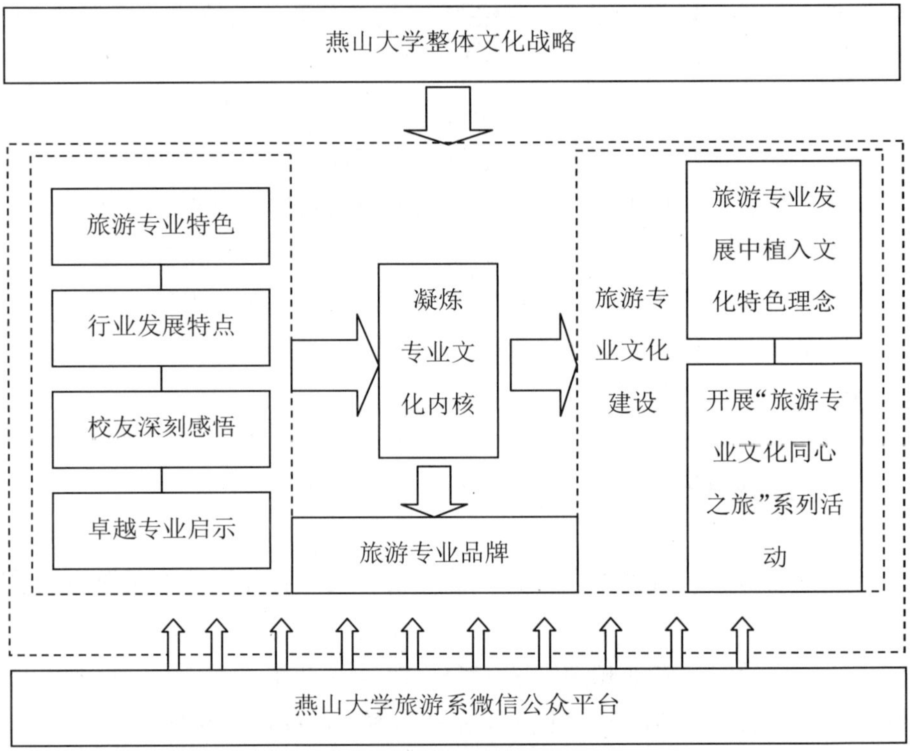

图1 燕山大学旅游系微信平台运营逻辑

五、微信公众平台能力矩阵及相应标准

1. 矩阵构成

初级——基础平台运营能力及掌握简单图文消息的编辑推送。

中级——初步了解平台相关的设计营销知识，并掌握其他插件的配合使用。

高级——全面掌握平台运营相关知识，并能够独自或以组建团队的方式长期持续高效地运营平台，且对其他同类自媒体平台有所了解。

2. 能力矩阵

能力矩阵指导版

能力等级	相应等级能力标准
初级	拥有基础的平台运营能力，即平台的创建申请能力，对六大板块（功能、管理、推广、统计、设置、开发者中心）的使用方式有初步的了解；掌握群发消息的方法；会简单地设置自动回复、自定义菜单，以及客服系统；掌握基础的资料管理方法，包括对后台消息的回复，对关注粉丝用户的管理，对素材（图片、影音）的简单管理（上传、分类、删除）；会简单地编辑图文消息，并了解相关简单技巧（预览、模版、复制等）。此阶段可以简单地管理平台，简单地发送图文消息
中级	在初级阶段的基础之上对各板块的使用有了更深一步的了解。初步了解了平台相关的设计、营销知识，即可以进行简单的微信公众平台版面设计、较复杂的图文消息设计排版；对微信公众平台不同受众的阅读习惯需求、审美偏好有一定的了解，并可以以此进行针对性的营销设计。掌握其他插件的使用方法，如一些基础的后台、简单的在线排版软件、简单的调查问卷运用。此阶段可以利用微信公众平台满足宣传、互动、营销、调查的需要
高级	全面掌握平台运营相关知识，即能够有效地利用统计数据帮助微信公众平台成长，能够熟练地掌握设置功能的运用并以此满足企业的不同需要；可以综合运用平台各项功能完成各项任务。能够独自或以组建团队的方式长期持续高效地运营平台，且对其他同类自媒体平台有所了解，可以适时更新，帮助企业在此方面持续不断地发展

能力矩阵各阶段所需技能

<table>
<tr><th>等级</th><th colspan="2">各阶段所需掌握技能细述</th></tr>
<tr><td rowspan="9">初级</td><td rowspan="6">平台基础运营</td><td>1. 初步掌握申请创建微信公众平台的方法</td></tr>
<tr><td>2. 了解认知六大板块各自的作用，以及基础使用方法</td></tr>
<tr><td>3. 掌握群发消息的方法</td></tr>
<tr><td>4. 会简单地设置自动回复、自定义菜单及客服系统</td></tr>
<tr><td>5. 会回复粉丝消息</td></tr>
<tr><td>6. 会管理（上传、分类、删除）素材（图片、影音）</td></tr>
<tr><td rowspan="3">图文消息简单编辑</td><td>1. 会简单地编辑图文消息</td></tr>
<tr><td>2. 会使用预览，帮助修改图文消息</td></tr>
<tr><td>3. 会简单使用模版</td></tr>
</table>

（续表）

<table>
<tr><th>等级</th><th colspan="2">各阶段所需掌握技能细述</th></tr>
<tr><td rowspan="10">中级</td><td rowspan="3">图文消息编辑进阶</td><td>1. 初步了解平台相关设计知识</td></tr>
<tr><td>2. 可以进一步对图文消息进行排版美化，提高文章质量</td></tr>
<tr><td>3. 可以利用自定义菜单和自动回复进行简单的微信公众平台版面设计</td></tr>
<tr><td rowspan="3">基础营销技能</td><td>1. 初步了解平台相关营销知识</td></tr>
<tr><td>2. 对微信平台各类受众的阅读习惯需求、审美偏好有初步的了解</td></tr>
<tr><td>3. 可以针对目标受众针对性选择推送内容，进行营销设计</td></tr>
<tr><td rowspan="4">相关辅助工具使用</td><td>1. 了解一些普遍的后台如 V5、掌上大学等</td></tr>
<tr><td>2. 掌握简单的在线排版软件如 UEditor、秀米、足迹等</td></tr>
<tr><td>3. 掌握简单的在线问卷设计网站的使用如问卷网、问卷星，并了解其结合微信公众平台使用的技巧方法</td></tr>
<tr><td>4. 熟练掌握易企秀、PS 等其他辅助工具</td></tr>
<tr><td rowspan="7">高级</td><td rowspan="4">全面掌握平台运营</td><td>1. 熟练掌握各统计数据的使用方法，并可以以此帮助微信公众平台进行成长</td></tr>
<tr><td>2. 可以配合后台及其他插件丰富微信公众平台功能</td></tr>
<tr><td>3. 熟练掌握“设置”板块内部各项功能的使用方式</td></tr>
<tr><td>4. 对微信公众平台的新功能有持续不断的了解</td></tr>
<tr><td rowspan="3">全局运营</td><td>1. 可以独自运营，或组建团队长期持续地运营一个或多个微信公众平台</td></tr>
<tr><td>2. 在对微信公众平台有深刻了解的同时，对其他同质自媒体平台亦有所了解</td></tr>
<tr><td>3. 对微信公众平台的未来发展趋势及发展需要有一定了解，并可以以此为凭借适时更新</td></tr>
</table>

六、平台岗位构成

指导老师：负责微信公众平台运营的指导工作，负责制度大纲的制定工作。

主要负责人：负责微信公众平台的日常运营监督工作，负责制度大纲的细则制定和实施工作。

主要实施人员：负责微信公众平台主要功能的实施维护工作，负责消息自动回复、自定义菜单等的设置工作，负责人员的培训引导工作。

在职编辑：负责微信公众平台每日运营工作，负责文章的编辑整理工作，负责微信公众平台的日常维护工作。

平台微店运营人员：主要负责平台微店的运营工作。

七、平台运营制度及主要模块操作手册

1. 指令性非常规推送

（1）指令性非常规推送是根据相关指令，为完成特殊任务（活动预告、总结，任务性宣传，特别人物介绍等）增加的非日常规定主题的特别推送。

（2）随机加急推送：旅游系指定的就业信息、旅游系重大活动的通知、旅游行业重大交流会议的发布通知、其他特殊情况的加急推送等，理论上由当班编辑负责，如时间上不允许，可灵活求助其他编辑。正常为提前一天提供资料，第二天当班发送。本着服务性原则，系里要求发布的通知放在一档推送，原推送内容顺延至二档、三档。

（3）本着时效性原则，特殊性、时事性，要求时效的内容（如“燕大入选 100 强”新闻）做灵活加急安排。当日版块的其他内容可顺延至二档、三档，若因时间原因难以修改，则原内容顺延至下周同一时间。

2. 责任人确定

推送编写人员为当日值班组主要负责，其他组配合。另外其他组也可以参与竞争，择优推送。若因学习等正规原因无法完成推送可自行联系其他组编辑代理，并将更改情况知会群成员。

3. 编写流程

发送环节，相关组编辑领取任务后需尽快编辑，在自身预览多次之后再发送到讨论群中，由大家一起找问题，最后提交老师审批，在未得到老师的发送指令时，不得发送。正常情况下任务分派及资料提供会在推送发送当日的至少前一天进行，以便为责任编辑提供足够的时间整理、编辑。

4. 审核流程

（1）责任编辑自检。 自检重点：错别字、标点、语法规范。包括字体、字号、行间距、分段处理、色彩搭配、模板选择等在内的所有页面设计及艺术加工。

（2）平台学生负责人初审。 审核重点：文案方向、文案逻辑、文案政治倾向、主题及侧重点是否突出，对页面视觉效果提出意见。

（3）其他组编辑审。审核重点：错别字、标点、语法错误。

（4）平台教师负责人终审。审核重点：以上全部内容。

5. 应急预案

（1）资料不足：向相关人员催要资料，其他人员尽力配合，因时间不足或有课程冲突等原因需要增援时，可自行沟通后指定其他编辑协助。

（2）相关编辑因特殊情况未在职：由任务确定日前一天编辑负责。

6. 主要模块操作手册

平台具体板块构成及操作指导如下：

（1）消息自动回复板块。消息自动回复板块包括：首次关注消息自动回复设置，关键词自动回复设置，日常会话消息自动回复设置三个细分板块。

（2）群发功能板块。公众号支持 1 条 / 天的消息群发，消息群发是订阅号运营的重点部分，也是人力物力投入最大的部分，但高投入同样意味着价值上的高回报，群发功能通过一对多的沟通方式，进行百分百的消息投放，而一篇有价值的群发文章更是平台产生吸引力的核心。

“图文消息”群发：图文消息是订阅号群发方式中占比最高的一种方式，图文消息有效地结合了文字、音乐、视频、图片等，可以高效直接地传达信息。图文消息分为单图文推送和多图文推送两种方式。

“文字”消息群发：文字的好处在于简单、直接。相对于图文消息来说减少了需要打开图文消息这一环节，更容易被用户所接受，消息内容更容易到达。多用于重要而紧急的消息推送。

“图片”消息群发：图片消息群发是经常被用户忽略的一种消息推送方式，然而图片消息群发实际上有着信息传达高效生动的特点。

“语音”消息群发：语音是微信公众平台经常会出现的一种方式，语音的好处在于直接、亲近，但如果想要准确地传达消息，单靠语音是不行的，但多种方法具有其有趣玩法，语音的玩法也很多。

“视频”消息群发：目前在微信公众平台上视频应用限制较多，而且图文消息可以完整地兼容视频，所以视频的运用是相对来说较少的。

（3）自定义菜单栏板块。自定义菜单栏是展现平台多样性、丰富平台内容、创造更多可能的重要接口。

自定义分为一级菜单和二级菜单两类，二级菜单从属于一级菜单。

其中一级菜单 3 个，二级菜单各 5 个，总计可以拥有 15 个接口。

自定义菜单可以链接至一段文字、网址、素材库内图文消息、语音、视频等。

活用自定义菜单可以获得出乎意料的效果，很多酷炫的效果，配合自定义菜单的特性可以简单而出色地实现。

（4）素材管理板块。素材管理板块分为图文消息、图片库、语音、视频四类。

①图文消息。在群发消息里已经介绍过图文消息，一般情况下，编辑通过在素材管理中编辑图文消息，并进行推送。图文消息在素材管理中可以长期保存并随意修改。当素材库中积累了大量图文消息之后，可以通过搜索功能快速检索图文消息。

②图片库。微信公众平台编辑图文消息时，如果要保证图片的质量往往先上传至图片库，然后再进行使用，而这样的行为最终会导致图片库图片数据过多，查找有价值的图片十分不利，所以定期地进行图片管理，删减无价值的图片，保留分类有价值的图片是很有意义的。

③语音。语音库内的资源可以通过上传和保存用户发送给平台的语音两种方法获得，但经过测试，保存用户发送给平台的语音往往不太清晰。所上传的语音要求大小不超过 5M，长度不超过 60s，格式为：MP3、wma、wav、amr。

④视频。视频分为视频和小视频，视频可以来自腾讯微视或本地上传。本地上传要求大小：不超过 20M，格式 : rm、rmvb、wmv、avi、mpg、mpeg、mp4。小视频素材来源：通过微信用户上传给公众账号。

八、实训实施效果

实训开展近 4 年来，燕山大学旅游微信平台已成功完成三批次学生运营人员的培养工作。通过实训指导，他们在个人学业、学科眼界、新媒体运营技能、管理能力上表现优秀，广泛得到旅游系老师的夸奖及认可，在学生中也具有较高的领导威望。团队已换届成员均有从事相关新媒体及旅游电子商务等工作，且岗位表现突出。

2017年平台实训项目得到燕山大学宣传部认可，平台团队汇编入燕山大学新媒体联盟，成为唯一学校系级入选组织，同年得到燕山大学经济管理学院表彰。

附　　录

附录 1

燕 山 大 学
本科毕业设计（论文）开题报告

课题名称：____________________
学　　院：____________________
年级专业：____________________
学生姓名：____________________
指导教师：____________________
填写日期：____________________

一、综述本课题国内外研究动态，说明选题的依据和意义

二、研究的基本内容，拟解决的主要问题

三、研究步骤、方法及措施

四、研究工作进度

五、主要参考文献

六、指导教师意见

指导教师签字：

年 月 日

七、系级教学单位审核意见：

开题考核分数：

考核组长签字：

年 月 日

说明：

1. 开题报告版面设置为：A4 纸，上下页边距分别为 2.8cm，行间距设置为最小值 22 磅。

2. 开题报告正文标题及内容字体设置为：小四号，宋体、Times New Roman 字体。

3. 本科毕业设计（论文）开题报告一般不少于 1000 字。

4. 页面不够可加页。

附录 2

燕 山 大 学

本科毕业设计（论文）中期报告

课题名称：______________________

学　　院：______________________

年级专业：______________________

学生姓名：______________________

指导教师：______________________

填写日期：______________________

一、任务书中本阶段工作目标与任务要求

二、目前已完成任务情况

三、存在的问题和拟解决方法

指导教师签字：

年 月 日

四、系级教学单位审核意见：

中期考核分数：

考核组长签字：

年 月 日

说明：

1. 中期报告版面设置为：A4 纸，上下页边距分别为 2.8cm，行间距设置为最小值 22 磅。

2. 中期报告正文标题及内容字体设置为：小四号，宋体、Times New Roman 字体。

3. 本科毕业设计（论文）中期报告一般不少于 1000 字。

4. 页面不够可加页。

附录 3

燕山大學
YANSHAN UNIVERSITY

本科生毕业设计（论文）

论文题目 单机架六辊冷轧机机架及压下结构设计

楷体小2号

作者姓名 □□□

专　　业 材料成型及控制工程

指导教师 □□□教授

20　年 6 月

燕山大学本科生毕业设计（论文）

单机架六辊冷轧机机架及压下结构设计

学　　院：机械工程学院
专　　业：材料成型及控制工程
姓　　名：□□□□□□
学　　号：□□□□□□
指导教师：□□□□□□
答辩日期：□□□□年□月

燕山大学毕业设计（论文）任务书

学院：　　　　　　　　　　　　　　专业（方向）：

<table>
<tr><td>学号</td><td></td><td>学生姓名</td><td></td><td>专业班级</td><td></td></tr>
<tr><td rowspan="4">题目</td><td>题目名称</td><td colspan="4"></td></tr>
<tr><td>题目性质</td><td colspan="4">1. 理工类：工程设计（　）；工程技术实验研究型（　）；理论研究型（　）；计算机软件型（　）；综合型（　）；2. 文管类（　）；3. 外语类（　）；4. 艺术类（　）</td></tr>
<tr><td>题目类型</td><td colspan="4">1. 毕业设计（　）　2. 论文（　）</td></tr>
<tr><td>题目来源</td><td colspan="4">科研课题（　）生产实际（　）自选题目（　）</td></tr>
<tr><td>主要内容</td><td colspan="5"></td></tr>
<tr><td>基本要求</td><td colspan="5">填写提示：
要结合自身学科专业特点，根据“专业毕业要求及指标点分解”，提出对学生非技术指标能力的训练要求，诸如项目管理、经济成本、社会、健康、安全、文化、环境及可持续发展等方面。</td></tr>
<tr><td>参考资料</td><td colspan="5"></td></tr>
<tr><td>周次</td><td>— 周</td><td>— 周</td><td>— 周</td><td>— 周</td><td>— 周</td></tr>
<tr><td>应完成的内容</td><td></td><td></td><td></td><td></td><td></td></tr>
<tr><td colspan="6">指导教师：
职称：　　　　年　月　日</td></tr>
</table>

注：周次完成内容请指导老师根据课题内容自主合理安排。

摘　　要

黑体字小 2 号居中，中间空 2 个半角字符，行距最小值 22 磅，间距段前 1 行，段后 0.8 行。

摘要是论文内容的高度概括，应具有独立性和自含性，即不阅读论文的全文，就能获得必要的信息。摘要应包括本论文的目的、主要研究内容、研究方法、创造性成果及其理论与实际意义。摘要中不宜使用公式、化学结构式、图表和非公知公用的符号与术语，不标注引用文献编号，同时避免将摘要写成目录式的内容介绍。

关键词：关键词 1；关键词 2；……；关键词 5（宋体小 4）

（摘要内容 300 字左右，关键词 3 ～ 8 个，摘要内容和关键词为宋体小 4 号字，英文和数字为 Times New Roman 小 4 号字，行距最小值 22 磅）

（页眉：正文奇数页为章及标题，偶数页为：燕山大学本科生毕业设计（论文）。在版心上加粗细双线，粗线在上，宽 1.5 磅，字号 5 号，宋体）

Abstract（书写格式同中文摘要）

The rehabilitation mechanism is the foundation for a rehabilitation robot to realize its motion, and the quality of the rehabilitation mechanism decides the rehabilitation effect of patients with the rehabilitation robot. The research of rehabilitation mechanism is……

Keywords: keyword 1;keyword 2; keyword 3; ……

目　录

摘 要
Abstract
目 录
第 1 章 绪 论
　1.1 课题背景及研究的目的和意义
　……
　　1.2.6 冷轧机结构组成
　　1.2.7 钢板的品种分类
　　……
　1.4 钢板的生产方法
第 2 章 章标题
　2.1 节标题
　　2.1.1 条标题
　　……
第 6 章 轧制工艺制定
　6.1 压下制度制定
　6.2 轧制方案的确定
结 论
参考文献
致 谢
附 录

（目录中各章题序及标题用黑体小 4 号字，其余用宋体小 4 号字，数字及符号用 Times New Roman）

小 3 号黑体，段前、段后分别为 0.5 行

第 1 章绪 论

小 2 号黑体，段前 1 行，段后 0.8 行

1.1 课题背景及研究的目的和意义

钢材的使用中，钢板和板带所占的比重是最大的，因为钢板和板带的应用及其广泛。目前国内的板带钢相对钢材来讲，产能不足，尤其在高附加值带钢领域，要依靠进口弥补不足，故板带轧机是发展的重中之重[1]。……

……

4 号黑体，段前、段后分别为 0.5 行

1.2.6 冷轧机结构组成

六辊冷轧机的组成形式比较简单，由主机座和前、后的开卷机、卷取机组成，该机型优点很多，如生产灵活、投资小，各种常见规格的带钢均可通过此类型轧机进行轧制，可逆轧制虽然增加了带钢的开卷和卷曲次数，但是同时在同一台轧机上实现了多道次轧制，节约了投资建设，特别适用于中小型企业。其机组布置形式如图 1-1 所示。

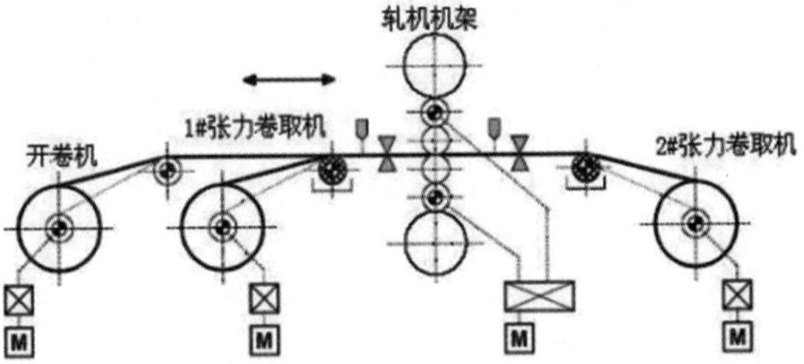

图 1-1 六辊冷轧机组布置图（宋体，Times New Roman5 号字）

……

（正文为宋体小 4 号字，行距最小值 22 磅。）

1.2.7 钢板的品种分类

港版的分类方法多种多样，常见的分类方式是……

1.2.7.1 按照厚度分类

小 4 黑体，段前 0 行，段后 0 行

根据钢板的厚度，通常分为薄板和厚板两大类……

1.2.7.2 按照用途分类钢板用途积极广泛，应用于生活方方面面……

……

1.4 钢板的生产方法

钢板的生产方法大体分为两类，主要是根据……

第 2 章　章标题

2.1 节标题

2.1.1 条标题

第 6 章　轧制工艺制定

6.1 压下制度制定

带钢轧制过程中，所有的技术参数都要遵循轧制规程，轧制规程的合理制定至关重要，它不仅决定带钢轧制的质量……

……

6.2 轧制方案的确定

冷轧板带时许用的最大咬入角在很大程度取决于轧制速度、轧辊材料及表面状态、钢种特征及轧制润滑情况等。冷轧时根据公式求出最大压下量，各个道次的压下分配如表 6-1 所示。

1.5 磅

表 6-1 各个道次的压下分配

道次	1	2	3	4	5
分配系数	0.3	0.25	0.25	0.15	0.05
入口厚度	3.0	2.19	1.515	0.84	0.435
出口厚度	2.19	1.515	0.84	0.435	0.3
压下量	0.81	0.675	0.675	0.405	0.135

1 磅

1.5 磅

宋体、Times New Roman

5 号字，三线表

（如果表格超过一页时，可采用续表的形式移入下一页）

结　论

论文的结论作为论文正文的最后一章单独排写，但不加章标题序号。

结论应是作者在论文研究过程中所取得的创新性成果的概要总结，不能与摘要混为一谈。论文结论应概括论文的核心观点，明确、客观地指出本研究内容的创新性点，并指出今后进一步工作的展望与设想。

（正文为小 4 号字，行距最小值 22 磅）

参考文献

[1] 戴红 . 康复医学 [M]. 北京：人民卫生出版社，1998：3-10.

[2] 金德闻，季林红，张济川 . 康复工程研究的新进展 [J]. 中国康复医学杂志，2001，16（6）：328-330.

……

[10] Krebs H I，Palazzolo J，Dipietro L，et al. Rehabilitation Robotics：Performance-Based Progressive Robot-Assisted Therapy[J]. Autonomous Robots，2003，15（1）：7-20.

……

[103] 赵豫玉 . 穿戴式下肢康复机器人的研究 [D]. 哈尔滨：哈尔滨工程大学，2009：3-20.

（在论文正文中必须有参考文献的编号，参考文献的序号应按在正文中出现的顺序排列。参考文献数量一般为 25 篇以上，其中外文文献不少于 5 篇，近 3 年文献不低于 30%，教材、报纸、网站不计入总数。文献内容中文为宋体 5 号字，英文为 Time News Roman，行距最小值 22 磅）

致　　谢

衷心感谢导师 ××× 教授对本人的精心指导。他的言传身教将使我终身受益。

感谢 ××× 教授，以及实验室全体老师和同窗们的热情帮助和支持！

（宋体，小 4 号字，行距最小值 22 磅）

附　　录

开题报告

燕山大学毕业论文总成绩单

学院：经济管理学院　　　　　　院系级教学单位：

<table>
<tr><td>学号</td><td></td><td>学生姓名</td><td></td><td>专业班级</td><td></td></tr>
<tr><td rowspan="4">题目</td><td>题目名称</td><td colspan="4"></td></tr>
<tr><td>题目性质</td><td colspan="4">管理类</td></tr>
<tr><td>题目类型</td><td colspan="4">论文</td></tr>
<tr><td>题目来源</td><td colspan="4">自选题目</td></tr>
<tr><td>考核阶段</td><td>开题考核（20 分）</td><td>中期考核（30 分）</td><td colspan="2">结题考核（50 分）</td><td>合计（100 分）</td></tr>
<tr><td>考核成绩</td><td></td><td></td><td colspan="2"></td><td></td></tr>
<tr><td colspan="6">系主任签字：
×× 年 ×× 月 ×× 日</td></tr>
</table>